修身のすすめ

An Encouragement of Self-Cultivation

仕事ができる男の
自分の磨き方

SBIホールディングス代表取締役社長
北尾吉孝

致知出版社

まえがき

二十一世紀に入って十六年が経過しましたが、色々な意味で難しい時代になったと観じます。リーダーの在り方も企業経営も、そして一人の人間としての生き方・心の持ち方も、もう一度その在り方を問い直すべき時に来ているのではと思います。

良い点数を取って良い学校へ進み、良い会社に就職できたとしても、それは必ずしも「人間としての優等生」であるわけではありません。それは今日、高学歴の人間たちが起こす様々な不祥事の類を見れば明らかです。

人間としての優等生になるとは、つまり自分を素直に生かすというか、自分の持っている素質、性格というものを素直に生かしていける人になるということです。勉強が幾らできたとしても、人間的に未熟であっては意味がありません。人生における成功と世俗的な成功は無関係であるとの認識を持ち、人として生を受けた以上、人間として一流になるべく日々努力していくことが大事です。それが結局は幸せだったと思える人生になるのだと思います。

『論語』の「顔淵《がんえん》第十二の五」に「死生命《めい》あり、富貴天に在り……生きるか死ぬかは運命によって定められ、富むか偉くなるかは天の配剤である」という子夏《しか》の言がありますす。天道はある意味非情かもしれませんが、死生も富貴も天の配剤です。そんな世俗的な成功を得たところで幸せとは限りません。「楽天《らくてん》知命《ちめい》……天を楽しみ命を知る、故に憂えず」（『易経』）と言いますが、やはり自分の天命を自覚し、心の平安を得て後ゆっくりと天を楽しむといった姿勢で生きることが、人間的な成功を齎《もたら》す上で大事だと言えましょう。

また「人の命は棺蓋うて後に定む」と言われますが、人間としての真価は棺に入って初めて問われるべきものです。棺桶に入る手前になって、「あぁ、自分の人生これで良かった。自ら天命を果たすべく頑張った」という思いでこの世を去れたらば、それは本当に幸せなことでしょう。あるいは、残念ながら力及ばずして自分の天命を果たせなかったとしても、その志を次代へと志念を共有している者に引き継いでこの世を去れたらば、それはそれでまた幸せなことでしょう。

本書は、私が日々過ごす中で、あるいは人生の節目で考えたり、話したり、書いたりしたことを幾つかの章に分けて並べており、大きく言えば「人間いかに生くべきか」というテーマではありますが、体系的に何かを論じようとしたものではありません。それ故《ゆえ》、本書のタイトルを決めるのに随分考えました。最終的には、「修身」こそが人世《じんせい》を歩む上で、あるいは仕事をしていく上で最も根幹を成すと思い『修身のすすめ』と致しました。「修身」なくして他の人に感化を与えられるような人物にはなり得ないからです。

私の学びの多くは中国古典をベースにしたものですが、中国古典は人生を歩む上での指南書と言えるものと確信しております。私が中国古典から受けた徳慧《とくけい》が、本書を通じて読者の皆様に何かお役に立てば幸甚です。

修身のすすめ　目次

第一章 日々の生活の過ごし方

第二章 人生の節目節目で

第三章 人間として自身を築くため

第四章　リーダー論

第五章 働き方・仕事観

第六章 経営に役立つ中国古典

装　幀——川上成夫
編集協力——柏木孝之

第一章

日々の生活の過ごし方

1　多くの人と交わり、多くの人の意見を聞く

耳学問であれ書を読んでする学問であれ、学問として価値のあることなら両方をすべきであると私は思います。例えば、学識を有するそれなりの人物が講演を行う場合、その講演に行き、話を直接聞く中で啓発されることはやはり沢山あるわけで、個々人にとって非常にプラスに作用すると思います。

また、講演者が自身の体験を織り交ぜながら情感豊かにスピーチしているなら、聴講者が視覚のみならず視覚と聴覚を通して認知することで、彼らの心に響き、より大きなインパクトを与えることがよくあります。講演者が伝えたいことの神髄が効果的に聴講者に入ってくることはよくあることです。従って、耳学問も大いに結構というように私は考えていますし、また仕事の中でも様々な人と話をする中で「事上磨《じじょうま》錬《れん》」ということもできるでしょう。人間そもそもが人との関わり合いにおいてしか何事をも成し得ないわけで、人との関わり合いがあるということ自体が良いことなので

す。

松下幸之助さんも「まあ極端に申しますと、もし日本の国民をみないわゆる竹林の七賢人のようにしたら、日本はどうなるでしょう」と述べられていますが、世の状況を憂い、そこから離れるだけで竹林の七賢人のように隠遁生活をするのが最も良い、というふうな考え方を持つことが一番問題であり、そういう人は正に独断と偏見に陥り易いと言えましょう。従って、多くの人と交わり多くの人の意見を聞いて、それを参考にしつつ書物から得たものとも混ぜ合わせながら、自らの意見や見識といったものを練り上げていく、ということこそが大事ではないかと思います。

2 能く難局に当たるために

一般社団法人全国地方銀行協会にて「これからの企業経営と次世代リーダーの役割」と題した講演の中で私が話した「五知《ごち》」という宋の賢人・李繹《りえき》の『五知先生伝』に出ている言葉についてご紹介したいと思います。

一つ目は「時を知る」ということ。私はよく〝Timing is everything.〟と言っています。これは、タイミングが非常に良いということ、あるいは時流に乗るということ、時宜に従いその時々において臨機応変に対応する等々、様々な意味が含まれています。

二つ目は「難を知る」ということ。これは「こういうことをすれば、こういうふうに問題になる」という意味において、難を知るということです。

三つ目は「命を知る」ということ。『論語』に「命を知らざれば以て君子たること無きなり」とあります。自分にどういう素質があり、能力があり、これをどういうふうに開拓して自分をつくっていくのか。それを学ぶのが「命を知る」ことです。

四つ目は「退を知る」ということ。特に企業家の場合、行け行けドンドンを知っている人は結構多いのですが、退くべき時に退くということを知らねば自滅してしまいます。

五つ目は「足るを知る」ということ。『老子』第三十三章にも「足るを知る者は富み、強《つと》めて行う者は志有り」とあります。あるいは「知足安分の戒め」という言葉もありますが、こういうことを常に頭に入れておくことが重要ではないかと思います。

そして「五知を養い得て、始めて能《よ》く難局に当ることができる」ということで、上述した五つはいずれもなかなか難しいことですが、そういうふうに心掛けるということが非常に大切なのです。

3 いつまでも囚われない気持ちを持つ

後悔ということについて、様々な人が色々な考えを述べていますが、基本的に私は「我事において後悔をせず」という、あの宮本武蔵の言葉に全く同感です。起こったことは起こったことで、やってしまったことはやってしまったことで、それを後悔し思い悩んでも仕方がありません。失敗であったと分かった時は、先ずそれをいかにして立て直すかということが重要であり、そしてまた片方で、「失敗したのも天命だ」と考えることが大事だと思います。

反省についても反省で当然なければなりませんが、反省で終わってしまっては駄目で、反省を糧《かて》にしながら、次の局面を切り開いていかねばなりません。即ち、「これは天命だ。失敗した方が良かった」と割り切って、次の手を必死になって考えていくべきで、いつまでも囚《とら》われない気持ちを持つということが大事なのです。

過去の失敗に囚われたり、過去の成功に胡坐《あぐら》をかいたりするようでは、どちらのケースも碌《ろく》なことにはなりません。環境に変化が起こる中で、常に自分の打ち手の成否を見極め、間違っていたと判断すれば、すぐに対応を変えれば良いだけのことです。「こうすべきだった」とか「ああしていたら良かった」とかと、後ろに引っ張られるようなことを考えて、一体何の意味があるのでしょうか。そうした思考を行うとすればただ一つ、より良き前進を齎す糧とする以外に、必要はないと思います。

4 遠大な境地に達するために

「忙」という字は、「心」を表す「忄」偏に「亡」と書きます。日頃から「忙しい、忙しい」と言う人たちは、ある意味心を亡《な》くす方に向かいがちです。そしていよいよそれが高じて、睡眠不足になり鬱病になるというようなこともあるわけです。そういう意味で、東洋哲学の中では「静」や「閑」ということを非常に大事にしています。

例えば、『三国志』の英雄・諸葛孔明《しょかつこうめい》が五丈原で陣没する時、息子の瞻《せん》に宛てた遺言状の中に「澹泊明志《たんぱくめいし》、寧静致遠《ねいせいちえん》」という有名な対句があります。「私利私欲に溺れることなく淡泊でなければ志を明らかにできない。心安らかに落ち着いてゆったりした静かな気持ちでいなければ遠大な境地に到達できない」という意味ですが、事程左様に「静」ということが非常に大事だということです。それからまた、本当に大きなディシジョンメイキングを英断するのがトップというものであり、上に立てば立つほど詰まらない事柄にぐだぐだと時間・労力を費やすということではいけません。枝葉末節のことは部下を「任用（任せて用いる）」するか「信用（信じて任せて用いる）」すれば良いわけで、そこを勘違いして何もかも全て自分でやらないと気が済まない人は、「寧静」という状況にならず肝心要の大事が抜けてしまうということにもなるでしょう。

安岡正篤《まさひろ》先生も座右の銘にされていた「六中観《りくちゅうかん》（忙中閑有り《ぼうちゅうかんあ》。苦中楽有り《くちゅうらく》。死中活有り。壺中天有り《こちゅうてん》。意中人有り《いちゅうひと》。腹中書有り《ふくちゅうしょ》）」という言葉の一つに「忙中閑有り」とありますす。どんなに忙しくとも自分で「閑」を見いだし静寂の中で心を休め瞑想に耽りながら、色々なことが起こった時に対応し得る胆力《たんりょく》を養っていくということも必要なのだと思います。この「閑」という字は門構に「木」と書かれていますが、なぜ門構があるかというと、門の内と外で分けられるということによります。それは門を入ると庭に木立が鬱蒼としていて、その木立の中を通り過ぎると別世界のように落ち着いて静かで気持ちが良いということで、この「閑」には「静か」という意味が先ずあります。また、都会の喧噪や雑踏あるいは日々湧き起こる様々な雑念から逃れ、守られて静かにするということから「防ぐ」という意味もありますし、そしてこの「閑」には「暇《ひま》」という意味も勿論あります。

あるいは「静か」ということでは、出社して喋りまくり、退社してまた喋り続けるというふうに朝から晩まで喋っているような人や、言わなくて良いことをぺらぺらと話し続けるような人がいますが、特に禅などの世界では言葉を慎むということを重視しています。良寛和尚も九十ヶ条以上の「戒語」を残しており、言葉を慎むことを非常に大事にしていたことが分かります。

5　信頼に足る人だと思われるために

言うまでもなく喋ることというのは、相手に良い印象を与える場合と悪い印象を与える場合があって、だからこそ昔から「沈黙は金、雄弁は銀」という西洋の諺《ことわざ》があったり、『韓非子《かんぴし》』にも「子貢が多言も顔子の一黙には如《し》かず」という言葉があるわけです。この喋るということでは、『老子』にも「知る者は言わず、言う者は知らず……本当に分かっている人は、喋らない。ぺらぺらと喋る人は、分かっていないか「善なる者は弁ぜず、弁ずる者は善ならず……善い行いをする者は、お喋りではない。お喋りな人はあまり善いことをしない」、あるいは「多言は数々《しばしば》窮す。中《ちゅう》を守るに如かず……饒舌はしばしばいき詰まるものだ。虚心で無言を守るにしくはない」等々あります。

また、ある中国古典の中には皆それぞれ優秀な三兄弟が有名な人との面会の機会を得、やがてその時が終わりになる頃に、喋りまくった長男・次男および殆ど何も言わないで終わった三男に対し、その有名人が「あの三男はなかなか大した奴だ」といった印象を得たという話もあります。

人に悪い印象を与える場合というのは、その話の内容等で相手から「あいつは軽い奴だ。ぺちゃくちゃと喋りよって」と思われる人です。やはり、君子というのは常に重厚な雰囲気がなければなりません。口を開くことにより寧《むし》ろ軽佻《けいちょう》浮薄《ふはく》だと思われるケースが多々あるのです。従って先ずは相手の話をよく聞き、その上でポイントを突いた的確な短い返しがぱっとその最後に、相手の話に合わせた形で出ることが大事なのだと思います。

最悪な話し方とは、自分が話そうと思うことだけをぺらぺらと喋りまくって、相手に話す機会を与えずに時間を迎えるというものです。このケースでは大体殆どの人が、その相手に悪印象を持ちます。やはり人に会った時に、ぺらぺらと過剰に喋りまくって「自分を知ってもらうんだ」とか、あるいは「この素敵な言葉を話したら、俺を評価してくれるんじゃないか」といった類の、さもしい意識は最初から持たないことです。

そうした意識を持たずして自然に振る舞い、そして何となくその人に重厚な雰囲気があって、「多くを話さなかったが信頼に足るような人だなぁ」と相手に感じさせるのが本当に信頼に足る人だと、今まで多くの人を見ていて思います。「いやー北尾さんって、よく喋りますよね」と言う人もいますが、喋ることは疲れますし、私としては基本喋ることが好きではありません。聞かれるから答えているだけであって、実はあまり喋りたいと思ってはいないのです（笑）。

6 修養により怒りをセーブする

『論語』の「雍也《ようや》第六の三」に、「弟子《ていし》、孰《たれ》か学を好むと為す……お弟子さんの中で誰が学問好きですか？」という魯《ろ》の哀公《あいこう》の質問に対し、孔子が「顔回《がんかい》なる者あり、学を好む。怒りを遷《うつ》さず、過ちを弐《ふたた》びせず……顔淵（顔回）という者が学問好きで、人に八つ当たりせず、同じ過ちを犯すことはありませんでした」というふうに答える一節があります。孔子は顔淵の「学を好む」という部分だけでなく、「怒りを遷さず」という部分をわざわざ褒《ほ》めて言っているわけですが、それを非常に立派な行為として孔子も見ていたのだろうと思います。

王陽明の言葉「天下の事、万変と雖《いえど》も吾が之に応ずる所以は喜怒哀楽の四者を出でず」の中にも「怒」が含まれているように、怒りという感情を持った動物として天は人間を創りたもうたわけです。従って、これを直すことはある意味至難の業なのだろうと思いますが、顔淵のように修養を積むことによって、少なくとも激怒しても「怒りを遷さず」ということはできるのではないかと思います。

勿論、私も時に怒りますし、皆さんも怒りを覚えることがあるでしょうが、この怒りということでもう一つ大事になるのは、その対象について我々は相当考えねばならないということです。例えば「義憤《ぎふん》（道義に外れたこと、不公正なことに対するいきどおり）」という言葉がありますが、正義や大義が踏み躙《にじ》られたことに対して怒る人もいれば、そうした類とは全く関係ない私的なことで怒るような人もいます。この私的なことで怒るというのは、自分の好き嫌いや主義・流儀に反するといったあたりで怒るということで、それはやはり修養をもって直していかねばならないと思いますが、他方義憤による怒りというのは、絶対になくなってはいけないものだと思います。

7 何事も度を過ぎないこと

『論語』の「八佾《はちいつ》第三の十八」に「君に事《つか》うるに礼を尽くせば、人以て諂《へつら》えりと為す……主君に仕えて、臣下の礼を尽くしていると、人々はこれを諂いだと言う」という孔子の言葉があります。

孔子のように適切に礼を尽くしていてもそういう批判を招くわけですから、度を過ぎていたら大変です。そういう意味では孔子の言うように「過ぎたるは猶《なお》及ばざるがごとし」(「先進第十一の十六」)ということなのだと思います。

また、彼は「中庸《ちゅうよう》の徳たるや、其れ至れるかな……中庸は道徳の規範として、最高至上である」(「雍也第六の二十九」)とも言っており、あらゆるところでバランスを取っていくべく「中庸の徳」が発揮されねばならないという言い方もできるのかもしれません。従って、誰から見ても媚《こ》び諂っていると思われるようなあまりに酷い振る舞いであれば礼が礼にならないわけで、周囲のみならず主君からもそういう目で見られることになってしまうのです。

目上であろうが目下であろうが、人と接する時にはいつでもきちっとした適度な礼の気持ちを持って接することが大事だということです。『論語』の中にも例えば「詩に興り、礼に立ち、楽に成る……『詩』の教育によって学問が始まり、礼儀によってわが身を立て、音楽によって人格が完成される」（「泰伯《たいはく》第八の八」）という孔子の言葉や、「君子は敬して失なく、人と恭々《うやうや》しくして礼あらば、四海《しかい》の内《うち》は皆兄弟《みなけいてい》たり……君子は慎み深く過ちを犯さず、人に対して謙虚で礼儀正しく接していれば、世界中の人と皆兄弟になれます」（「顔淵第十二の五」）という子夏の言葉があります。

こうしたことをもっと平たく現代風に言えば、地位等がいかなるものであったとしても相手を尊重するという「人間尊重の精神」を持つということになるわけで、そういう心を常日頃から表している人は媚び諂っているなどと言われることはないのです。日頃はそうでなく権力や金を持っている人等との交わりに限って、阿《おもね》っているのが見えな人が周りから嫌われるのだと思います。

だからこそ、『論語』の「公冶長《こうやちょう》第五の二十四」に「巧言、令色、足恭《すうきょう》なるは、左丘明《さきゅうめい》これを恥ず、丘も亦《また》これを恥ず」とあるように、左丘明も孔子も「人に対して巧言即ちお世辞を並べ、令色即ちうわべの愛嬌を振りまき、足恭即ち過ぎた恭しさを示すのは恥ずべきことである」としたのです。

8 「ありがとう」で感謝する気持ちを表そう

私が理事長を務める社会福祉法人慈徳院（こどもの心のケアハウス嵐山《らんざん》学園）という情短施設（情緒障害児短期治療施設）では、お正月になると入所している子供たちにお年玉を用意しているのですが、お年玉を渡す時、私は子供たちに自身の名前およびありがとうという言葉をきちっと言わせるようにしています。なぜそういうことをしているのかというと、〝ありがとうございます〟と言える子供が、初めの頃殆どいなかったからです。それ故、こういう礼儀作法について優しく教えるよう施設長以下にお願いをしたわけですが、それはやはり何かをしてもらった行為に対して〝ありがとうございます〟とスッと出るとか、あるいは朝起きて〝おはようございます〟と言えるということが、社会を生きていく上でいかに重要なのかを教えねばならないと考えたからです。

私はかねてより、この施設の出身者で向学心を持った者がいれば、学費を支援して大学に行かせてあげたいと考えていました。そんな中で、大学進学を目指したいという高校生がいまして、高校時代は予備校代まで私が負担して、彼は何とか無事大学に入学できました。彼は一時期、やれ予備校の試験代が幾らだ、やれ全国模試代が幾らだ等々と、人に何かをお願いするような態度をとることもなく、当たり前のようにメールをしてきたことがあり、私はある時きつく彼を叱って、礼儀作法というものを教えたことがありました。

その後メールでの彼の態度は随分変わりました。

ただでさえこうした施設の子供たちはあまり身寄りもなくサポートしてくれる人が少ない中で、一人でも多くのサポーターを得ようとすれば、何かしてくれた人の行為に対して〝ありがとうございます〟と感謝する気持ちを発するとか、あるいは人から好感を持ってもらえるよう〝おはようございます〟と自ら進んで言えるようでなくてはいけないと思っています。

本来そういうことを教えるべき親が、躾《しつけ》として子供にまるで教えてこなかったから、この子たちは今できていないだけのことであり、ちゃんと教えればきちっとできるようになります。この子たちがやがて社会に出ていった時、そういう礼儀作法を弁《わきま》えていることが非常に大事だという認識を強く持ち、これを教えることもこうした社会福祉法人の大きな仕事だと職員の皆さんには話しています。

9 読書の在り方

ある人から「北尾さんはいつも大量の本を読まれていますが、その探し方や選び方について教えていただけませんか?」と尋ねられたことがありますが、自分が感銘を受けた著者というのは、必ずその本の中で別の本を紹介していますから、私はそういう本をまた読むようにしています。

仏教の中には「縁尋機妙《えんじんきみょう》」という縁に関する言葉があります。縁は縁を尋ね、その発展の仕方は非常に機妙であるという意味で、やはり良縁が良縁を導くように読書の中で触れ合う本というのは正にそのような縁なのです。そのような形によって一冊の書物から様々な世界がどんどん発展し、色々な広がりを見せていくわけで、例えば森信三全集を読めば、「次は西洋哲学の誰々を読もうか」とか「日本の先哲である二宮尊徳や中江藤樹《とうじゅ》を読んでみたい」というようにその世界からまた更なる広がりというものがどんどん出てくるのです。

結局のところ本も人ですから、本を読んで人に知り合い、そしてその本の中で著者により紹介されている本の著者も一度見ていこうとなっていくわけです。

森信三という日本が誇るべき偉大な哲学者であり教育者である人物の全集は致知出版社から新刊が発売されるまで、手に入れようと思っても殆ど手に入らなかったものです。それ故以前、幸運にも中古ですが全て手に入れることができた時は非常に嬉しかったのです。しかし古本ですので、私が印を付けた箇所を秘書に全てデジタル化してもらい、その箇所を何度も読むようにしました。なぜかと言いますと、この本を何度も読んでいれば、当然のことながらそれは更に傷《いた》むからです。

つまり、それくらいになるまで読み込んで血肉化していき、そしてその著者と肝胆相照らす間柄にならなければいけないということです。もっとも真の血肉化には実践・行動が伴わなければならないことは言うまでもないことです。本を読むというのはそういうことを言うのです。

またある人からは「北尾さん、なぜそれほどまでに本を読むのが速いのですか？世に言ういわゆる『速読術』という類のものではないと思いますが、ある時点で体得されたものなのですか？」というように尋ねられました。やはり良書というのはよく味わいながら読まねばならぬわけで、速読ではなく味読しなければなりません。ただ、私の場合は一冊の良書を何度も読みますから、一度目よりも二度目、三度目よりも五度目の方が当然のことながら速く読むことができるようになるのです。従って、例えば本を執筆する前にもう一度読み直そうとする時、一気に五十冊程度を読むことができるわけです。そのように何度も繰り返し読むことで蓄積していくことが大事なのであって、試験対策などと違い一夜漬けで対処するといったことでは駄目なのです。

常日頃から古典に親しむとか、あるいは様々な書物を読むということが大事です。そして読み終えたものの中で、特に深い感銘を受けた本や強い感動を覚えた本について味読し、そして更にはその本の中で紹介されている本や人についての書をまた読んでいくわけです。そうしていけば、やはりその関連する書に対する読書速度が上がります。またその人の思想・信条や精神的支柱になるような本は味読しなければなりませんし、それを何度も繰り返し読むことでその著者をできる限り消化するということが大切です。

そしてその際重要なことは主体的に読んでいくということであります。そうやって初めて、その本やその著者のことが深く分かるようになるのです。例えば「著者の主張はもっともだ。この本は良かった」と言う人に、「この本の何がどう良かったのですか?」と尋ねてみると、明確に答えられず殆ど頭に入っていないと感じられる場合があります。これでは読んだうちに入りません。また結構よく見かけるのは、ある本を読んで「この人の考えは道理に適っている。これは良い本だなぁ」と言う人が、全く正反対の見解を持つ人が書き著したことまで「あぁ、この本も良かった」と言っているケースです。

そうした矛盾が起こってしまっている人というのは、何を読んでもすぐに感化され主体性を喪失してしまっているわけです。やはりそのような読み方では駄目で、本は「その場面に直面したら自分ならどうするのか」とか「私はこう考えるが、なぜ著者はこのように考えるのだろうか」といった形で常に主体的に読まなければなりません。そうすることで読書の価値というのは高まっていくわけです。

以上、読書の在り方に関して色々な観点から述べてきましたが、読書においては上記四つの言葉、「良縁」「血肉化」「味読」「主体性」が特に大事であるということです。

10 主体的に自分の体験と重ねながら学ぶ

致知出版社のメールマガジンで、安岡正篤先生のご令孫である安岡定子さんによる『論語』を教える五つの心得、「一、自分が楽しむ」「二、声をきちんと出す」「三、山場はひとつだけ」「四、相手を楽しませる」「五、全体をよく見る」が紹介されていました。安岡定子さんは大体小学生ぐらいを対象に『論語』の素読を中心にされ、簡単に分かり易く内容を話されているのかと思います。

では、大の大人に対して『論語』をどう教えるかということですが、そもそも大人に対しては教えるといったことではなく、先ず主体的に『論語』の解説本の類を読むことからスタートし、各人がぴんときたところについて心に留めていくのが良いかと思います。ある程度年を取った人は、自身の具体的な体験等に照らしながら主体的に『論語』を読み、その学びを自分の方へと引き寄せて考え、自らの心の中でその言葉をよく咀嚼《そしゃく》して理解し、そして血肉化して日常生活の中で実践していかなければなりません。

拙著『ビジネスに活かす「論語」』（致知出版社）のプロローグ「いかに『論語』を読めばいいのか」で、「古教照心《こきょうしょうしん》　心照古教《しんしょうこきょう》（古教、心を照らす。心、古教を照らす）」という虎関《こかん》禅師（一二七八－一三四六年）の言葉を引用しましたが、大人の場合は、自らが『論語』を活学として学ぶということが大事であって、人から習うといったことではないと思います。

11 古典を学ぶ意義

『韓非子』には「老馬之智《ろうばのち》」という次の逸話があります。

書き下し文：管仲《かんちゅう》・隰朋《しゅうほう》、桓公《かんこう》に従いて孤竹《こちく》を伐つ。春往《ゆ》きて冬反《かへ》る。迷惑して道を失ふ。管仲曰く、老馬の智、用《もち》ふ可《べ》し。乃《すなは》ち老馬を放ちて之に随《したが》ひ、遂《つひ》に道を得たり。

現代語訳：管仲と隰朋らが斉《せい》の桓公に従って孤竹の国を伐った。往きは春だが帰りは冬で、迷って道が分からなくなった。管仲が言った、ひとつ老馬に知恵を借りましょう。老馬を放して、その後について行ったところ、やがて道を見つけることができた。

この逸話について、「このように管仲や隰朋ほどの賢人知者でさえ、自分が分からぬ時には、老馬を先生として学ぼうとすることを、憚《はばか》らぬのである。今の人はとかく己の愚かな心を省《かえり》みて聖賢《せいけん》の知恵を師とする、ということを怠るが、これは改めないといけない」と福島県漢字同好会会長の八重樫一さんが言われていた記事を読んだことがあります。

「聖賢の知恵を師とする」ということに関しては、別に「迷って道が分からなくなった」等々と何か特別な問題が起こったからといって先哲の知恵を借りるというのでなく、常日頃から自分が分からないことや疑問があるなら知ってそうな人にどんどん尋ねたら良いと私は思います。知識は簡単に得られます。ただ、知恵となるとやはり古典を読むのが良いと思います。

当然のこととして、古典の中には老馬之智というのが満ち満ちており、今日を生きる上でヒントになる様々な先哲の教えが山のようにありますから、やはりこうした書を読み学問をする中で知恵というのは磨かれていくのでしょう。

嘗《かつ》て私は、「機械文明というのが確実に進歩していっている一方で、精神文明というのは進歩していかないわけですが、なぜ進歩していかないかといえば、人間には死というものがあるからです」という指摘を行いました。つまりは、人類社会が誕生して以来今日まで、機械文明が退歩せず途切れなく進んできたのに対し、精神文明はそうはいきません。なぜなら、いかに崇高な精神性を帯びた人もいずれは死を迎えねばなりません。また偉大な子孫を残した人も皆地上から消えさらねばならないわけで、精神文明についてはその全てが確実に受け継がれ日々発展させていけるかというと、死によって一度途切れてしまうものなのです。

従って、精神文明というのは退歩が往々にしてあり得、人間死すべきものであるということが故の一つのギャップが機械文明との間に生まれていくことから、機械文明がどんどん進歩しこのギャップが拡大していく結果として、様々な問題を人間社会に生んでいくことになるのです。要するに、人間の精神性というものが進歩と退歩を常に繰り返しているからこそ、先哲の知恵を学ぶ価値もあるわけで、機械文明のような進歩的様相を常に呈しているのであれば、そもそも過去のものを学んでみてもあまり意味がないかもしれません。しかしそうではないからこそ、そこに古典を学ぶ意義があるのだろうと思われ、「愚者は経験に学び、賢者は歴史に学ぶ」と初代ドイツ帝国宰相・ビスマルクも言うように古典は真に知恵の宝庫であると私は思っています。

12　良き方向を目指すあらゆる努力に価値あり

「野球界きっての名将」とも言われる「ノムさん」こと野村克也さんは、「『努力しろ』というのは誰でもいえる。だが、見当違いの努力を幾らしても結果は出ない。そうならないためには、自分自身を知ることで足りないことに気づき、それを補う方法をみつけなければならない。指導者は、言葉を通してその道筋をつけてやらなければならないのである」と、その著書で述べられています。

『徒然草《つれづれぐさ》』に「少しのことにも、先達はあらまほしき事なり」とあるように、目の前で師と触れ合い、師の呼吸を感ずる状況で師と仰ぐ人の謦咳《けいがい》に接するとか、偉人が残した書物を読み込み、そこから様々な教えを乞うて血肉化していくといったことが、間違いない方向を着実に歩んでいく一つのポイントになるのだと思います。

しかし、よくよく考えてみると無駄というものは何事においてもないのではと思われ、私自身もそうした考えに基づき、方向に確信が持てない場合にも兎《と》に角《かく》がむしゃらに精一杯努力し続けてきました。勿論「そんな誤った方向で一所懸命頑張ってみても意味はないでしょう」といった部分にひたすら努力を積み重ねている人も中にはいますが、私に言わせればそれもそれでまた決して無駄でなく、終局何も報われないということにはならないと思います。そもそも人生のあらゆる事柄において決して無駄はないと信じています。

「無駄な努力」という言葉もありますが、「七転八起《しちてんはっき》」の精神で「何回失敗してもくじけず、立ち直ってどこまでもやりぬく」としたら、その本人にとって何も得るものがないかと言えば、私はそこに何かあるに違いないと思うのです。

目標を定め目標に向かい目標を達成するということでは、何の役にも立たなかったかにも思われるかもしれませんが、ひょっとしたら七度転んで起き上がった八度目に「この方法を少しこう変えてみよう」とか「こういう視点で物事をもう一度見直してみよう」といった気付きがあるかもしれません。そうした努力の途中でいったん自ら気付いた後は様々な形で改善が図られ、更に努力を続けていく中で先を歩んでいた人を猛スピードで追い抜かすことだってあるでしょう。

拙著『何のために働くのか』（致知出版社）の第四章「世の中に起こるすべてのもの

に無駄がない」でも、「まずやってみろ。『できない』なんてすぐに音《ね》を上げるな。できないのなら、なぜできないのかを考えろ。知恵と工夫と努力が十分かどうかをもう一度反省してみろ。ものの見方を少し変えて、もう一度やり直してみろ」と述べた後、「時には方法論が間違っていて失敗する場合もあります。そういう場合には、やり方を変えてもう一度やり直してみるのです。そうすれば、必ず成功に至ります。（中略）ずっと続けてきたことのすべてにおいて、それを一所懸命にやっている限り、無駄はない。最終的に、すべてはプラスになっていくのです」と書きました。

様々な人がある意味での無駄な努力・失敗の連続を積み重ねた結果、後世の人がそうした方法の問題を認識し新たに違った方法を模索していくというわけで、長い目で見た時に無駄であったか否かはそう単純に言い切れるものでなく、歴史的に見てもある人が蓄積し続けた無駄な努力・失敗の連続が、後の世に大きな貢献をしていないとも言えないと思います。

13 下坐行は大切な修養の一つ

森信三先生は「たとえその人が、いかに才知才能に優れた人であっても、またどれほど人物の立派な人であっても、下坐《げざ》を行じた経験を持たない人ですと、どこか保証しきれない危なっかしさの付きまとうのを、免れないように思うのです」と述べておられます。

また、森先生は「ご不浄の中に落ちている紙屑の類を拾って、それを容器の中へ入れておくとか、さらには人の粗相をした跡を、人知れず浄めておくとか、すべて人目に立たぬところで――なるべく人に気付かれないように――善行を積むということ」が、「『報いを求めぬ』境涯にいたる一つの方法」とも言われています。

「下坐行」とは元来「下座」ということで、一般の人々より下位につくことです。即ち、自分の身を他人よりも一段低い位置に置くことを言います。そうした下がった位置に身を置き、その地位に安んじて我が身の修行に励むことを下坐行というのです。

この下坐行は「情念の浄化」のために役立つと、森先生は言われています。私自身も、世の中で本来あるべき自分の地位等を全て捨て、自分自身の立場を一段下に落とした所で物事をやってみることで、自らの傲慢になる心・驕慢《きょうまん》になる心を浄化できるのではと考えています。

つまり、人間が陥り易いそうした側面を下坐に行じ、己を清めていく中で自らを高めていくということです。自修自得すべく自分自身をどう磨き成長していくかという点で、「ゴミを拾って歩きます」「便所掃除をして歩きます」といった形で、下坐行の世界に身を置くことは確かに大変意味があることだと思います。

14 師匠を持つべし

吉田松陰の辞世の句として有名な名句、「身はたとひ武蔵《むさし》の野辺《のべ》に朽ちぬとも留《とど》め置かまし大和魂《やまとだましい》」は一八五九年、松陰「処刑前に獄中で松下村塾の門弟のために著した遺書」の巻頭にあります。その遺書『留魂録《りゅうこんろく》』の中で松陰は、「善術を設け前緒を継紹せずんばあるべからず……もっと善い方法を編み出し、この運動の緒を継承せねばならない」と、尊皇攘夷に関する言及を行っています。

松陰は当該運動の思想的リーダーでありましたが、この政治思想自体は彼のオリジナルといったものではなく、朱子学の系統を引く水戸学をはじめ先人たちの思想を引き継いだ上で、自分のものにしその実現を追求したのです。この「前緒」を引き継ぐということで最も大事になるのは「その人がいかなる人を師匠としているか」ということであります。松陰自身は、養父である山鹿《やまが》流兵学師範であった吉田大助や叔父の玉木文之進から指導を受け、兵学を修めました。その後、佐久間象山や安積艮斎《あさかごんさい》に師事しました。

　森信三先生もまた「人物を知る五つの標準」の第一に挙げられているのが師です。他の四つは順に、「その人がいかなることをもって、自分の一生の目標としているか」「その人が今日までいかなることをしてきたかという、今日までの経歴」「その人の愛読書がいかなるものか」「その人がいかなる友人をもっているか」ということで、上記含めこの五点全ては相互に連関しています。例えば、いかなる師を有するかで愛読書や人生の目標は強く影響されるものですから、これらの中で他への影響力の点で何が重要かといえば、第一の師匠であると言えましょう。

　目の前で師と触れ合い師の呼吸を感ずる、というような生きた状況において師と仰ぐ人の謦咳に接することが、一番望ましいのは言うまでもありません。松陰の私塾である「松下村塾」ではこうした師の松陰と触れることで、後の明治維新で重要な働きをする多くの若者が育ったのです。しかし残念ながら師の直接的な指導が叶わぬ場合は、偉人が残した書物を読み込み、その様々な教えを通じて、その人に私淑するというのでも構いません。

　私の場合、勿論父親から影響を受けた部分も結構多いとは思いますが、『論語』を中心とする中国古典あるいは明治時代の二大巨人、安岡正篤先生・森信三先生といった方々が私の師ではないかと考えています。

自分の範とすべきものがあり、その人物はいかにしてそうなり得たか等々と学ぶことで初めて、自分もその人物に近付こうという思いに駆られることにもなるわけで、先人に様々な教えを乞うて血肉化していくことが大事なのだと思います。そうして、その人を全人格的に理解すべく学び続けていく中で、その人に対する尊敬の念がますます助長されることもあるでしょうし、逆にそれほどではないと思ったりもすることもあるでしょう。

仮に前者であればこれはこれで非常に良く、今度はその敬の気持ちの対極にある「恥」の気持ち、即ちその人は大したことをやる人だと思い、逆に自分ができないことに恥を感じ、自分も何糞と思い発奮して頑張ろうという気になることに繋がっていきます。この敬と恥が相俟って醸成されてくるものによってこそ、万物の霊長としての人類の進歩を齎し、また自然とその人自身をだんだんと変えていく原動力にもなるのです。

敬があるからある意味恥があると言え、それは人間誰しもが持っている一つの良心とも言えるものですが、そういう意味では心より師事するに至る人物を探し、その全人格を知ろうと大いに努めたならば、そこに自分が良き方向に変わり得る可能性が生じるのだと思います。

15 相対観から解脱せよ

嫉妬はある意味、人間に付き物の性癖《せいへき》かもしれません。この嫉妬という字がいずれも女偏で構成されているのは、女性としては納得いかないかもしれません。ですから「漢字そのものを作ってきたのが男だから」と言う人が勿論います。逆に男性が女性より嫉妬深いと言う人もいます。例えばある心理学者は、「競争社会、日本の教育、自己中心的な考え方の三つにより、男性が女性より嫉妬深くなってしまった」と指摘しています。私も男にも嫉妬心を掻《か》き立てる人は多数いると思っています。私の経験では、男の嫉妬は権力を求める形で起こるケースが結構あるように思います。いずれにせよ男も女も相対観を持つことで時に嫉妬に狂ってしまうのだと思われ、私は正にそれこそが嫉妬の本質だと考えています。

「あの人はどの学校を卒業した」「私はこんな学校しか出ていない」「あの人は大卒だ」「私は中卒だ」「あの人は金持ち」「私は貧乏」など、相対観で人に嫉妬したり自分を卑下したりし、時として人に対して憎しみを持ったりします。そうした相対観がいかに虚しいものかを知れば、人間の苦はなくなるはずです。

相対比較の中でしか自分の幸せを感ずることができず、そしてその相対的な幸せを得る上での妨げとなる人物に対し恨み等の感情を抱く、こういう相対観の中で生きている人の心には、一生安らぎは訪れません。

『論語』の「述而《じゅつじ》第七の二十一」に、「我れ三人行えば必ず我が師を得。其の善き者を択びてこれに従う。其の善からざる者にしてこれを改む」という孔子の言があります。これは、「三人で一緒に行動していれば、私は必ずそこに自分の師にできる人を見つけることができる。善いものを持っている人からはこれを積極的に学び、善くない人からは、それを見て我が身を振り返り、改めることができるからだ」といった意味です。あるいは似た孔子の言葉として『論語』の中に、「賢を見ては斉《ひと》しからんことを思い、不賢を見ては内に自らを省みる」（「里仁《りじん》第四の十七」）というのもあります。「善き者」からも「善からざる者」からも、「賢」からも「不賢」からも学ぶ姿勢が身についている人は、自分が成長することに懸命で相対観に関わっている余裕などありません。結果として、そういう人が最終的には力をつけ、「あいつは人物だ」と周りからも評価をされる人間になるのです。それ以外の方法で嫉妬からの克服は叶わないのではと思います。大切なのは常に自分自身を謙虚に省み、人として自分自身を向上させることです。

第二章

人生の節目節目で

1 人生二度なし

桜の季節になりますと、私はいつも二つの詩を思い出します。

一つは劉希夷《りゅうきい》（字は廷芝《ていし》）の有名な漢詩の一節「年年歳歳花相似たり 歳歳年年人同じからず」です。この花は桜ではなく桃の花を指しているわけですが、毎年美しい桃の花は同じように咲くが、この花を見る人々は毎年変わっていると詠《うた》っており、自然の悠久さと人間の生命の儚さを対峙させて人生の無常を詠歎《えいたん》しているのです。中国では毎年咲いてくる桃の花に対し日本での桜と同じように色々な感慨を持って見られています。

もう一つは良寛の一句「散る桜残る桜も散る桜」で「散っていく桜があれば、未だ美しく咲き誇っている桜もある。しかし、結局どちらも最終的には散る」ということですが、あれだけ満開に咲き誇る桜がいとも簡単に消えていき、そしてまた五月の新緑を迎え次の春に備えてエネルギーを蓄えていきます。

この二つの詩のどちらからも、我々人間は悠久の大自然や造化（天地万物を創造し育てること）の妙を通じて永遠の命の偉大さを感じざるを得ません。それと共に、この両句とも東洋に伝統的にある無常観を表したものであり、先哲はこの世の儚《はかな》さを感慨し人間の命がいかに儚いものであるか、ということを詠っているわけです。人生儚しという感慨を抱き、「我々は一体何をなすべきか」「自分はこれからいかに生くべきか」という思いを、いつもこの時節に私は新たにしています。

具体的に言えば、一つは森信三先生が唱えた「人生二度なし」という偉大な真理に思いを致し、この二度とない人生を悔いなく終わらねばという気持ちをこの時節になるとより一層強く持ちます。

もう一つは、右記とも関係したことではありますが「惜陰《せきいん》（時間を惜しむこと）」ということで、この一日二十四時間という誰にも平等に与えられている時間を、いかに無駄なくいかに効率的に使い得るかが大事であるということをいつも自分に言い聞かせています。

寿命が延びているということは事実ですし、医学もまた日進月歩の発展を遂げているのも事実であって、いよいよiPS細胞（新型万能細胞）のような革新的なものが難病治療にどんどんと生かされようとしています。そうした取り組みは大いに結構なことだと思う一方、寿命が延びたとしてもやはり人生の旬の時間というのはいつの時代も限られているもので、この旬の時間をいかに大事に過ごすかによって全てが決まる、と言っても過言ではないと思います。この旬の時間、つまり人生の賞味期限であって最も美味しい食べ頃と言い換えても良いかもしれません。私はこの二つ、即ち「人生二度なし」および「惜陰」ということについての覚悟を新たにしながらこの時節を過ごしています。

2　会社で働き始める前に肝に銘じてもらいたいこと幾つか

毎年ＳＢＩグループでは新卒の入社式を実施しています。その場で私が二〇一一年四月に実施した訓示をご紹介したいと思います。

あなたたちは大変な時に入社式を迎えることになりました。会社によっては入社式を取り止めたり、あるいは延期するといった所もありますが、私共の場合は通常通り行います。

新卒採用を始めてから早六年になりますが、我がグループでは若い人たちが徐々に第一線で活躍するようになってきており、新入社員の中には既に幾つかの会社の役員になっている者までいるという状況です。

さてあなたたちは大学を卒業し社会人になっていくわけですが、卒業式というのを米国英語で何と言うのか知っていますか？それはcommencementと言います。

commenceというのは始めるということであって、新しいことを出発していくというのがcommencementの意味です。従って、卒業イコール終わりということではなく正に人生がスタートしていくということであって、それ故にcommencementという言葉を使うのです。

ではここからどのようなスタートをしていくべきかということですが、四字の熟語を使って一言で言えば「独立自尊」ということです。「独立」というのは独りで立つと書きますが、それは自分たちの二本の足で確りと地に足をつけて立っていくということであり、今後は親に依存したりはせず自立していくということを先ずは心に誓わなければなりません。

これから様々な困難に直面した時、親に頼むのではなく自分たちで問題解決をしていくという力を身につけていかなければならないのです。

そしてもう片方の「自尊」というのは自らを尊ぶと書きますが、これは一体どういうことなのでしょうか。自らを尊ぶというのは自らを大切にし品性を保つということであり、これが福沢諭吉翁の言う自尊の意味なのです。

では自らを大切にし、品性の高い人間になるにはどうすれば良いのでしょうか。

人間を形成する三要素とは、一つはご先祖様から脈々と受け継いできている「血」、次にどのような環境の中で育ってきたかという「育ち」、そして最後は「学問修養」のことです。「血」や「育ち」を変えるのは非常に難しいことですが「学問修養」によっては変えることが可能であり、そしてまた自分の品性を高めていくことができるようになるわけです。ピーター・F・ドラッカーはその著書の中で「経営者がなさねばならぬことは、学ぶことができる。しかし経営者が学び得ないが、どうしても身につけなければならない資質が一つある。それは天才的な才能ではなく、実はその人の品性なのである」と言われているように、人間としての品性を高位に保つのは非常に難しいわけです。

必死になって学問修養をしなければ、自らの品性を高位に持っていくことはできません。そして、これまであなたたちが小学校から大学まで習ってきた時務学と称する学問は、即ち言い方を変えれば末学のことを指しているのです。

ここから本格的に身につけていかなければならない学問は、本学なのです。人間としてこの世に生を受け、どのような人生を世のため人のために送っていくのかということを学ぶのが人間学であり本学なのです。今までの学問、即ち小学校から大学までの学問というのは答えのある学問であり、歳と共に多少程度は上がってくるのかもしれませんが、大体において知識を習得すれば答えが導き出されてくるものです。

しかしこれから、あなたたちが真剣勝負していかなければならない学問、あるいは修養というものはそう簡単に身につくものではありません。

「人生いかに生きるべきか」「一体自分の天命とは何か」「天はどのような能力や才能を自分に与えたもうたのか」「その能力や才能をどのようにして開発し、世のため人のために生きていくのか」「自分と他の人間との関わり合いはどうなのか」「自分と社会との関わり合いはどうなのか」「日本だけではなく世界の中で自分はどうあるべきなのか」といったことを日々考え続けていかなければなりません。

あなたたちは今までそのような学問をあまりしてこなかっただろうと思いますが、その学問をこれからしていかなければならないということです。

そして『論語』の中に「吾十有五にして学に志す。三十にして立つ」とあるわけで、あなたたちはもうすぐ三十歳になり、立志の年、即ち志を立てる年になるのです。

いつまでも志が立たなければ「四十にして惑わず」とはならず、いつまで経っても惑い、どう生きて良いのか分からないというような人間にしかならないのです。あなたたちが二十代にどれだけの学問修養を行うのかが、立志の年以降の人生の歩みを大きく左右するのです。そして一度志を立てたならば、それを死ぬまで貫き通すという覚悟をしなくてはなりません。

立志ができないような人間は、中途半端な人間にしかならないのです。あなたたちにとって毎日が真剣勝負です。私自身も毎日真剣勝負しているのです。

「血」と「育ち」は陰に陽にあなたたちの人生に様々な影響を与えていきますが、学問修養をすることによってマイナスに出る部分を少なくすることができるようになりますし、そしてまたその良い面を更に伸ばすこともできるようになるわけです。その意味において学問修養をしていかなければなりませんが、そのためにも先ずは自らを律しなければなりません。

『大学』に「明徳《めいとく》を明らかにする」、即ち「自分の心に生まれ持っている良心を明らかにする」とありますが、今後は「このようなことをして良いのかどうか」ということを自分の明徳に照らし、自らを厳しく律してもらいたいのです。そして学問修養については私自身も沢山の本を執筆し「どのように生きていくべきか」「何のために働くのか」といったことを我がグループの役職員に何かの役に立てばと説いてきました。それは人間学の様々な書を読み、そしてひたすら修養努力を重ねてきた私の六十年に及ぶ人生の結果なのです。これをあなたたちに伝授しているわけですから、そのような本を真剣に読んで自修自得してもらいたいと心から願います。

それから今後の配属先においてはそれぞれの所でそれぞれの時務学、即ちいわゆる専門知識があるわけですが、そのようなものは早急に身につけなければなりません。たらたらと遊んでいる暇はないのであり、遊んでいたら遊んでいただけの結果しか出てきません。二宮尊徳翁の言葉に「積小為大《せきしょういだい》（小を積みて大と為《な》す）」とありますが、人生は積み上げていくものなのです。そのように日々努力しながら専門知識を身につけ、そして「学ぶは真似ぶ」、つまり先輩諸氏の真似をしていかねばなりません。

最近はすぐに先輩諸氏を批判する新入社員が多いですが、批判する前に先ずは彼らから学ぶべきであり、何もできもしないで批判するような人物は先ず大成することはありません。

若い時に最も大事なことは「素直さ」「謙虚さ」であって、そのようなものを持たない人は絶対に伸びてはいきません。謙虚で素直な人はスポンジが水を吸い込むが如くあらゆることを吸収していくのであり、そしてその上で職業人としての自己を確立していけば良いのです。

あらゆる事柄において自分の主義・主張・立場を明確にし、「自分ならどう処するのか」というように主体的に生きていくことも非常に大事なことです。

例えば本を読むにしてもすぐに感化されるということではなく、「その場面に直面したら自分ならどうするのか」ということを常に考え、頭を使いながら読んでいくのです。

人生は判断の連続であり、それぞれの場面で的確に判断ができなければ未来は潰《つい》えてしまうのです。諸君はＳＢＩグループに就職できて本当に良い選択をされたと私は心底思います。

なぜ私が良いと思っているのかということを次に述べたいと思います。二〇〇八年のリーマンショック後の状況、あるいはもっと遡れば八〇年代に蓄積された巨大バブルが崩壊した後の九〇年代以降の日本の状況を見れば一目瞭然ですが、少しでも気を緩めるようなことがあれば企業というものはすぐに崩壊してしまいます。

例えば富士銀行、第一勧業銀行、日本興業銀行など大銀行と言われていた銀行群が公的資金の注入なくして経営が立ち行《ゆ》かなくなるという状況に陥り、そして更には規模拡大によってメガバンクが生み出されてきたというように全て国、即ち国民の税金により助けられてきたというわけです。世に大企業と言われていた会社を見れば、例えば日本長期信用銀行や日本債券信用銀行のように巨大バブル崩壊とともに潰れた所もあれば、外国資本に助けてもらわなければ日興証券のように実質潰れたような所もありました。山一證券などは疾うの昔に潰れているわけです。いわゆる日本の四大証券の一角が崩壊し、大和証券についても銀行と協業しなければ立ち行かないような状況に陥ったわけですが、漸《ようや》く回復してきたことから今度は袂《たもと》を分かつというようになったのです。

その一方で我がグループはこれまで一銭の助けも受けずに自らの力で生き残って

きましたし、これからも生き残り続け飛躍発展し続けていくのです。なぜ我がグループが誰にも何にもしてもらわずに生き残ってくることができたのかと言えば、それは時代を見据える目と何をなすべきかという判断を誤らなかったということだけなのです。

一九九九年七月に私がＳＢＩグループを創設して以来、たった五十五名の社員数は三千数百名（二〇一六年三月末現在では五千四百八十名）に拡大し、そして孫さんから出してもらった五千万円の資本金は約七百三十二億円（二〇一六年三月末現在では約八百十七億円）に拡大しています。翻って見ると、この十年の間に日本では沢山の会社が生まれてきましたが、百社の内で生き残っているのは六・三社（つまり六・三％）しかないのです。沢《ま》して我がグループのように隆々と発展し続けている企業は殆ど皆無であり、金融界におけるＳＢＩグループの存在感というのは極めて大きなものになってきています。

ＳＢＩ証券を中心としたブローカレッジ業務では圧倒的なマーケットシェアを持っており、個人マーケットにおいては野村證券を遥かに凌駕しています。そしてソニー銀行に遅れること六年三ヶ月でスタートした銀行業についても、住信SBIネット銀行は口座数、収益においてあっと言う間にソニー銀行を抜き去り、預金残高でも時間の問題でソニー銀行を完全に抜き去りオンラインバンクNo．1になっていくという勢いです（二〇一一年九月末に預金残高でソニー銀行を追い抜き、現在も大きく上回る状況）。

私がこの十年間でしゃかりきになって取り組んできたのと同程度以下の努力で、これからの十年間はますます飛躍していけるものと考えています。なぜそのように考えるのかと言えば、我々は時代の潮流（the trend of times）に乗っているからです。この時代の潮流を徹底的にexploitできることこそが我々の最大の強みなのです。

我々の金融分野のビジネスというのは、殆ど全てがインターネットにどっぷり浸かっています。インターネットの世界を考えますと、十年、二十年、三十年と時が経つにつれてより多くの人がインターネットを使うようになり、その世界は更に「シンカ」していきます。進む（進化）意味と深くなっていく（深化）意味の両方において、今の状況よりも更に大きな世界になっていくのです。我々はその中にどっぷり浸かっているからこそ、お客様の数がどんどん増え続けているのです。ＳＢＩ証券のお客様は二十代、三十代で三割程度を形成しており四十代まで含めると六割以上を占めているわけですが、片や野村證券のお客様は五十代以上が八割になっています。今から二十年後、野村證券のお客様がどうなっているのかを想像してみてください。現在、五十代の人であれば株式投資を行っている人もいるかもしれませんが、六十代の人は殆どやめているでしょうし、七十代の人の大部分は恐らくこの世からいなくなっていることでしょう。野村證券のお客様は年月を重ねる毎にどんどん減少し、片や我々のお客様はどんどん増えていくのです。我々の株式委託売買手数料が野村證券等の二十三分の一以下ですから当然でしょう。

しかもこれから我々の比較的若いお客様は所得増加や遺産相続等によって、より多くの金融資産を保有するようになっていくわけです。これこそが私の言う時代の潮流、the trend of times であり、その真っ只中に我々は我々のビジネス、戦略の全てを置いているのです。

投資事業についても同じです。二〇〇〇年頃に私は千五百億円を集めることを決心し、インターネットの世界だけに投資をするインターネットファンドを創設しました。これに関して嘗ての野村證券の同僚は「北尾君、投資の世界しかもプライベートエクイティに投資をするようなビジネスというのは千三つの世界(千件に三件程度しか成功しないような世界)なのだから、一つのインダストリーだけにそれだけの資金を投じれば損をするのは目に見えている。そんな馬鹿なことは止めておいた方が良い」と話していました。

その結果がどうであったのかと言えば、我々は創業後八年目にして日本一のベンチャーキャピタルになり、片や野村系のベンチャーキャピタルであるジャフコは赤字で大変な状況が二、三年間も続いてきたのです。なぜ両社のパフォーマンスにこれほど圧倒的な差がついたのかと言えば、その答えは非常に簡単で、時代の潮流に乗っていたかどうかということに尽きるのです。

我々の国内外の投資先は時代の潮流に乗っていましたが、他社は中国に全てを奪われていくようなインダストリーや国内企業を中心に投資をしていたというだけのことであり、時代を読めない人は滅びていくしかないのです。滅びていく人ということで言えば、過去の成功体験に胡座をかく人も同じです。

Sir Winston Churchillが「If we open a quarrel between the past and the present, we shall find we have lost the future.」とうまく述べているように過去に固執する者は未来を失うのです。

私はそれ故に我々のmission statementの中に「セルフエボリューションの継続」（経済環境の変化に柔軟に適応する組織を形成し、「創意工夫」と「自己変革」を組織のDNAとして組み込んだ自己進化していく企業であり続ける）という言葉を入れているわけで、常に過去の成功体験に溺れることなく「自己否定」、「自己変革」、そして「自己進化」していかなければならないのです。

あなたたちは時代がどう動いていくのかというthe trend of timesを常に必死になって勉強しなければなりません。十年単位で見ればそれが大きく変わっていることを認識できる人は多いですが、時々刻々変化していく中にその兆しを掴める人は極僅かであり、余程勉強しなければ掴むことはできないのです。私がなぜそれを掴めるようになってきたのかと言えば、三十八年間に亘《わた》り株式市場、債券市場、金利市場など世界中のマーケットを見続けてきたこと、そして毎日四時間の睡眠で精一杯勉強し続けてきたからなのです。常識程度の事しかしない人には常識程度の結果しか生まれません。普通の事をしていれば普通の結果しか生まれません。あなたたちに是非お願いしたいことは、凡人がする千倍の努力をして常識を逸脱するような人間になってもらいたいということです。


最後にもう一つ話しておきましょう。

あなたたちもご存知の通り私は野村證券に入社し、そこで二十一年間働きました。その中で何を強く感じたのかと言えば、大企業というのはいかにくだらないものかということです。何がくだらないのかと言うと、例えばボーナスが出れば「北尾は幾らもらった？」と電話を掛けてくる同期がいましたし、本給通知書をもらっても同じように電話を掛けてくる同期がいたのです。当時野村證券ではボーナスについては三段階程度の差がつけられており、本給については十年を経てやっと僅かに百円だけの違いが出るというようなものでした。

多くの同期は皆、私が幾らもらっているのかが気になり私と同額であると安心するといった具合で、私に言わせれば実に馬鹿げているという一言に尽きます。

そしてしかもその同期同士が足を引っ張り合うという様です。

当時野村證券は、課長と言えば同期三百人の大卒の中で何人が一選抜になれるのか、次長になれるのは何人か、そして部長になれるのは何人かといった競争社会でした。

ではそれが純粋な競争なのかと言えば、上司に少し気に入られたとか、あるいは上司と馬が合ったという程度のものであり、働いた成果とされる年収や地位はその人の人物や実績が必ずしも反映されていないようなものでした。

私は課長ぐらいの時に当時の経営幹部の何人かから「次期次期社長は君だ」と告げられました。

そのこと自体には私は恬淡《てんたん》としていました。ただ、そのように言われたお陰で私は「自分が社長になったらこのグループをどう変えていこう」とか「今まで自分が経験した中でこのグループにはどういう問題点があるのか」とか「本当に皆が働き易い職場環境を作ってやろう」というように常に考えるようになり、そして「詰まらない事で内向きのエネルギーばかりになって、お客様や取引先に対する外向きのエネルギーが減じられるような会社にはしてはいけない」と強く思いました。

その後ＳＢＩグループを形成し今日に至るわけですが、創業後十年以上を経て徐々に会社らしくなってきています。そしてまた片方で大企業になっていますので、常に大企業病のリスクを背負っているわけです。

内向きのエネルギーが外向きのエネルギーよりも大きくなることをいかに防いでいくかというのは非常に大事なことであり、それ故私は「三六〇度評価」を我が社に導入しました。つまり人事面においても上司が部下を評価するだけではなく、部下が上司を評価できたり、周りの同僚たちあるいは取引先までもが対象者を評価できるような人事システムを構築したいという思いがあったのです。

考えてみると人間というのは「ＡよりＢがどう」「ＢよりＣがどう」というように相対観で物事を判断し、一喜一憂するような愚かな人が沢山います。「あの人はどこの学校を卒業したが私はあそこだ」とか「あいつの給料は私より幾ら上だ」とか「誰々の方が私より綺麗だ」とか「あの人は幸せだが自分は不幸だ」とか「あの人は課長に昇進したのにどうして私は」というように相対観で物事を判断するわけですが、そのこと事体がナンセンスであり人と比べることに何の意味もありません。

人生というのは「プラスがあれば必ずマイナスが出てくる」「マイナスがあれば必ずプラスが出てくる」という中で、結果として宇宙平衡の理に従い必ずバランスされていくのです。詰まらない相対観ほど自分自身を不幸にするものはありません。あなたたちには学問修養によりそうした相対観から解脱《げだつ》して是非自分自身を楽にしてもらいたいと思います。

私がこう言うと「では北尾さん、企業間競争においてはいつも勝つことばかりを主張していますが、企業の相対観はどう捉えれば良いのですか」と思うかもしれませんが、これについては勝ち続けなければなりません。我々のお客様にベストなサービスを提供しながら我々自身もきちっとした事業を営み、更に飛躍発展し我々の取引先やその家族、我々のグループの役職員の経済的厚生の向上と社会に貢献していかねばなりません。正にこれが資本主義というものであり、徳業というものなのです。私の言う捨て去るべき相対観というのは、詰まらない相対観のことです。つまり一つの会社、一つの組織に入り、その中で不要な相対観を持つことだけは絶対にすべきではないと述べているのです。更に言えば、私生活においてもでき得る限り相対観からの解脱をすることが自分自身の幸せに繋がるということをあなたたちは肝に銘じることです。

これで私の訓示は終わりにしますが、最後に一言だけ申し上げておきます。今日がcommencementであるということをよく頭に入れ、一つの覚悟を持って自らの人生を切り拓いてもらいたい。そしてその覚悟というのが本物であれば、あなたたちは何十年後に大きく成長していると思います。「初心忘るべからず」と言いますが、今の覚悟が本当に大事な覚悟であるということを絶対に忘れないでください。

3
素直さと謙虚さが大切

毎年私は、ＳＢＩ大学院大学の入学式や卒業式、あるいは当社の入社式で喋るということがあります。私はいつも原稿など用意せず、話す内容は事前に決めずに毎回違った内容を即興で話しているわけですが、大学生であれ大学院生であれ新社会人であれ、それぞれの大人が大人として自立・独立し皆主体的に生きていくということでしょうから、いつもいい大人に対して「ああしなさい」「こうしなさい」ということはできるだけ話さないようにしています。

主体的に生きていく上で大事になるのは、社会生活を営む中で常に勉強し自分自身を磨いていくということであり、学窓を出て社会人になっていく人たちが何をすべきかと言えば、この実社会は矛盾に満ちた多難なしかも複雑霊妙なものですから、そこで今度は活学を実践するということでなければなりません。そういう意味では、死んだ学問ではなく、本当の意味での生きた学問の時間というものが、これからスタートするということだと私は捉えています。

そして、そこで大事になるのは素直さと謙虚さということです。素直であれば、「森羅万象是皆師也《しんらばんしょうこれみなしなり》」という気持ちやあらゆることに感謝する気持ちが自然と湧いてきます。謙虚で素直な人はスポンジが水を吸い込むが如く、自身を取り巻く森羅万象から様々なものを吸収していくことができるわけです。これが仮に「素直さ」「謙虚さ」がなければ、例えば人を見、「何であんな奴と付き合わなければならないんだ！」から始まって、「付き合ってみたけれど、やっぱりあいつはダメだ」とぐだぐだと言い出すことにもなりかねません。

嫌いな人あるいは自分とはまるっきり違う人から学ぶということも結構多く、素直に森羅万象皆師であると思いながら、謙虚に吸収していくという態度が一番大事なのです。それ以外の事柄に関して「ああしなさい」「こうしなさい」とこの時季のセレモニーで告げてみたところで、殆ど意味をなさないのではないかと私は考えています。

4　忘という天からの贈り物

「忘」ということを神は我々人類のみならず、あらゆる動物に与えているのかもしれません。我々人間は少なくとも自ら「忘」を意識できますから、「忘」ということ自体の素晴らしさ、あるいは「忘」を与え賜うた造化（万物の創造主であり神であり天）の偉大さを知ることができます。

愛娘《まなむすめ》同様に可愛がっていた愛犬のジャスミンが死んだ時、私は悲しみのどん底にいたのですが、日を追うに従ってその悲しみは薄らいでいきました。勿論、ある時にぱっと思い出し悲しくなることも未だありますが、四六時中考え続け悲しみに浸っていた頃もあったほどです。要するに死別・失恋・その他諸々の当事者にとっての深い悲しみ、あるいは当事者の周りの人たちの大きな悲しみは、時が経つに連れて忘却の彼方とまでは言わずとも、少しずつ脳裏から消えていき何かの機会に思い出す程度に変わっていくということです。そういう意味では造化が与え賜うた「忘」という素晴らしい一種の贈り物が、人間にとって悲しいことをそうした形で自然と忘れさせるようにしてくれています。

その一方で楽しいことはと言えば、「あの人とゴルフをしてどうだった」とか「誰々と酒を飲んでどうだった」といった「あの時は楽しかった」という思い出は、それほど時間を要さずにその殆どが消え去っていくと思います。しかし事業を行っている立場で言えば、この事業をここまで成功させたという喜びは、事業を営んでいる限りにおいて、ある面で消え去らないかもしれません。勿論、日々新たな問題が生じ新たな挑戦をしていますから、その喜びに浸っているということでは全くありませんが、私は事業を行っている中で一つ一つ積み重ねていく喜びを感じています。単発的な喜びというのは、忘却の彼方に消え去っていくのであろうと思いますが、積み重ねていく喜びというのは、やはり残っていくのでありましょう。

いずれにせよ「どういうことを忘れるのか」や「どういうことを忘れるべきか」、あるいは「どういうふうに忘れるのか」というようなことは、全く考える必要はありません。忘れるべきものは自然と忘れていき、忘れてはいけないものは心の中に残り、少なくとも潜在意識の中からすぐに顕在化し得るものとして残っていくように造化は我々をつくっていると思います。

最後に「忘」という文脈で仏教について考えますと、例えば法事の種類として初七日・二七日《ふたなぬか》・三七日《みなぬか》・四十九日・一周忌・三回忌・七回忌・十三回忌等々と色々ありますが、これは別にお坊さんを喜ばせるためのものではないのです。そこには深い意味があるのです。

即ち、親族一同あるいは友人等が葬式の日に集まり、初七日・二七日・三七日・四十九日と重ねだんだんと集まる人数は減っていくのかもしれませんが、その集まるという中で様々な準備等に追われ、残された家族はある意味故人を失った悲しみを忘れていくことができるわけです。

更に考えてみれば「仏縁」という言葉がありますが、例えば親戚だということは知っていても殆ど会うことがないような人と法事で会ったり、あるいは海外に住んでいるような人が遠路はるばる出てきて会ったりするということがあります。そういう仏の縁で皆が集まり、ある人と再会し新しい親交が始まっていったり、あるいは偶然会った友人等の中からまた新しい世界が広がっていったり、というふうに大変不思議なものです。そしてまた、血の繋がっていない親戚の中で結婚話が出てくるというようなケースも聞いたことがありますが、この仏縁というのはなかなか面白いものだと思っています。

5　忘年と新年の本当の意味

師走も半ばを過ぎますと「忘年会をしませんか」と様々なところから声が掛かってきます。忘年会と言いますと、一年の出来事をパッと全部忘れてお酒を飲み交わすというように「年忘《としわすれ》」として捉えている人が大多数であると思われますが、その認識は間違っています。「忘年」とは「長幼の序を忘れる」「年齢を忘れる」というのが本当の意味であり、『後漢書』の禰衡《でいこう》の伝記に左記故事がありますが、つまりは年の違いを忘れて親しくするということなのです。

書き下し文：禰衡逸才《いっさい》有り、少《わか》くして孔融《こうゆう》と交わる。時に衡未《いま》だ二十に満たず、而《しこ》うして融は已《すで》に五十、忘年の交を為《な》す。

現代語訳：禰衡は人並みはずれた才能があった。年若くして孔融と交わった。その時、衡は二十歳にならなかったが、融はもう五十歳だった。二人は忘年の交わりを結んだ。

このように、例えば老人と二十代、三十代の若者が世代を超えて友情を持つというようなことを「忘年の契り」と言うわけですが、世代を超えた友情を築くのが忘年会の本来の姿であることを心に留めておくべきだと思います。

それから新年の「新」という字についてもその字義を説明しておきます。新という字は「辛」「木」「斤（斧）」という三つの漢字が集まった文字であり、要するに辛抱して木を斧で削り、有用なものを創り出していくというところに原義があるのです。それ故「新年」というのは辛抱し、苦労して、今までになかった新しいもの、そして世に有用なものを創り出すという意味になるわけです。従って、やはり新年を前にして前述したような漢字の本来の意味を噛み締めながら、自分のすべきことを考えなくてはならないということです。

6
壮にして学べば老いて衰えず

同じ話を何度も聞かされた時、普段どのようにされているでしょうか。実際問題として、高齢の方で聞いたことがある昔の自慢話を何度もするという人はいますが、人間である以上それはそれで仕方がないことで、やがて自分もそうなるのかもしれないという戒めとして捉えています。

他方、「老朽」と対になる「若朽《じゃっきゅう》（若いのに気力に欠け、役に立たないこと。また、その人）」という言葉がありますが、ついこの間話したことも完全に忘れ、また同じ話をしているような若者は意外と多くいて、やはり若くして年老いている若朽という状況は大いに問題だと思います。この若朽ということについて、安岡正篤先生は『百朝《ひゃくちょう》集《しゅう》』の中で「壮年になると、もう學ぼうともせぬものが随分多い。生活に逐われて忙殺されてをる間に、段々志まで失ってしまふのである。さうすると案外老衰が早く來る。所謂若朽である。肉體だけ頑健でも、精神が呆けてしまふ」と言われています。

そうして、壮にして学ぶことのなかった人がある程度の年齢になり、幸運にも社会的な地位を得たという場合、例えば結婚式の挨拶を主賓《しゅひん》でやるとか様々な挨拶を大勢の前でやるといったこともあるわけですが、「あの年にもなって、よくもまぁこんな詰まらない話をするなぁ〜」と思える人もいます。

どこかの席上で何かを頼まれたのであれば、出席者に何らかの印象を残せるような話ができるよう努めるべきですし、少なくとも「詰まらないなぁ〜」と思われないようにすることが、それを引き受けた者の最低限の務めです。偉くはなったもののお粗末な話しかできないような人は、人前で話すということを頼まれたとしても結局自分の恥になるだけですから、基本的には引き受けない方が良いとさえ言えるのかもしれません。

ある程度の年を取って、それだけ人間として成長していないというふうにも見えるわけですから、やはりお互いそういうことにならぬよう、「壮にして学べば老いて衰えず（壮年になって学べば、年を取っても衰えず、いつまでも生き生きとしていられる）」というふうにしたいものです。

7　春めいてくる頃に思い出す名句など

大雪が降ったりして寒かった冬が漸く終わり、春めいてくる季節は幾つかの言葉を私に思い出させます。

第一に、私の執務室がある六本木のホテルオークラやＡＮＡホテルの近くの桜花が、日差しを受けて五分から六分咲き、あるいはもっと開くのではないかと感じる時に、『菜根譚《さいこんたん》』の「花は半開を看《み》、酒は微醺《びくん》に飲む……花は五分咲きを見るのがよく、酒はほろ酔い程度に飲むのがいい」という言葉を思い出します。満開に咲き誇る桜よりも、五分咲きぐらいがちょうどいいと私も思っています。

また、「春宵《しゅんしょう》一刻、直《あたい》千金……春の夜のひとときは、千金もの値打ちがある」という名句もこの季節には思い出します。これは北宋王朝の文豪、蘇軾《そしょく》の「春夜《しゅんや》」という有名な句です。花の香が漂うおぼろ月夜は、千金ものお金に値するということです。

この時期には人事異動が多くの会社でなされることもあり、非常にうまくいって出世した人や、逆に左遷までとは言わずとも何かもう一つだなと思われる処遇を受けた人、引退や退任される人等々、色々な人々が私のところに挨拶に来てくださいます。

こうした時に思い出すのが「一貴一賤《いっきいっせん》、交情乃《すなわ》ち見《あらわ》る」という『史記《しき》』にある言葉です。これは前漢王朝の時代の翟公《てきこう》（前二世紀頃）という人の話です。司法長官になったかと思うと左遷され、しばらくするとまた司法長官にカムバックするという波乱に満ちた人生を経験しました。司法長官でいる時には、色々な人が屋敷にまで押しかけますが、左遷されると誰も来なくなります。そしてまたカムバックすると、色々な人が屋敷にやって来るという状況で、翟公が地位の上下で皆さんのお付き合いの心がよく分かるものだと屋敷の門に書き付けた文句です。

拙著『ビジネスに活かす「論語」』（致知出版社）の中でも「五交《ごこう》」というもの、即ち、「勢交《せいこう》（勢力者に交を求める）」、「賄交《わいこう》（財力ある者に交を求める）」、「談交《だんこう》（能弁家に交を求める）」、「窮交《きゅうこう》（困窮のため苦し紛れに交を求める）」、「量交《りょうこう》（利害を図って得な方に交を求める）」ということをご紹介しましたが、そうした交わりの仕方をする人はこの「一貴一賤」の中でよく分かるということです。

8 幸せな結婚生活のために

　結婚生活というものはなかなか難しいもので、最近は特に昔と違い離婚される方が多くなってきているようです。この結婚生活を偕老同穴《かいろうどうけつ》になるまで持続させていくために何が必要かと言えば、一つ最も大事なことは忍であります。

　男と女というものは両性全く違うもので、中国古典では男性は陽、女性は陰とそれぞれ対極のものです。従って、陰陽対極の全く違う存在である以上、考え方も生き方も色々な意味で違ってくるわけです。長く結婚生活を続けているとそうした違いを切実に感じることもあるでしょう。そのような意味で不可欠なものは忍耐の忍ということです。

　前述の通り、男女が全く違う存在である以上、お互いが誠を尽くしても様々なことで衝突するということは往々にしてあります。従って、その衝突による破局を避けるためにはどうしても忍というものが必要になるのです。この忍ということをお互いが心掛けていくことで、末永く、そして味わい深い夫婦生活を築いていくことができるのではないかと思います。

結婚ということで更にもう一つ述べますと、特に若い人の場合、「惚れちゃって結婚しました！」というような人が結構沢山います。この「惚」という字は立心偏に忽と書きますが、忽には二つの意味があり、読み方があります。一つはゆるがせにする、もう一つはたちまちです。忽せ《ゆるが》にするとは、「おろそかにする」とか「わすれる」ことです。忽ち《たちま》は「にわかに」「急に」という意です。惚れて結婚するというのはある意味自然な一つのパターンかもしれませんが、たちまち心が動きたちまち心が離れてしまい、おろそかにするといったことに繋がりがちではないかとも一方で思うのです。

では、その結婚生活を忽ち終わらせないために何が求められるのかといえば、「愛」だけでは難しい面もあるでしょう。いわゆる「フェロモン理論」から考えてみても、愛だけでは夫婦関係というのは往々にしてたちまち崩れてしまうものです。

では、愛と共に何が必要なのかと言えば、それは「敬」、尊敬の敬であります。この愛と敬が相交わって初めて、この結婚生活を偕老同穴になるまで持続させ得る夫婦関係というのを築くことができるわけです。

　では、夫が妻を尊敬し、そしてまた妻が夫を尊敬するという関係に持っていくには、どうすれば良いのでしょうか。当然のことながら、先ずはお互いがそれぞれの美点を磨き続けるということが求められます。「夫のどこが良いのかと今改めて探してみたけど、結局何もなかったわ」とか「妻の良いところ？よく考えたら何もないな〜」といったことでは、良い夫婦関係を長期に亘り維持していくのは非常に難しくなるでしょう。

　そしてまた、この美点を磨くということと共に、新たな美点を探し、見つかれば凝視するということをお互いが心掛けていかねばなりません。「夫はとても誠実な人。見習わないといけないわ」とか「妻は大変な努力家。俺ももう少し頑張らないとな」というように美点凝視を徹底していけば、円満な夫婦関係を築いていくことができるのではないかと思います。皆さんも一度お相手に「一体自分のどこを尊敬しているの？」というように質問を投げ掛けてみてはいかがでしょうか。そのお相手がどう答えるのかまでは、保証できませんが（笑）。

9 子供の育て方

「子育ての秘訣」として安岡正篤先生は「子供には高いものを豊富に与えておかねば成人して偉くならない」と言われたそうです。子供それぞれがどういう境遇に生まれるかにより、その人の衣食住の程度が決まってくるわけですが、なぜ安岡先生が上記発言をされたかと考えてみるに、一つは心を豊かにするということは、子供の時にあった方が良いということではないかと思います。

例えば、私は個人的に埼玉県嵐山町に社会福祉法人慈徳院（こどもの心のケアハウス嵐山学園）という情短施設（情緒障害児短期治療施設）を設立しましたが、その施設の子たちからは施設で与えられるご飯だけでなく、「たまにはどこかに食べにいきたい」という要請があるようです。つまり、仮にそのどこかがラーメン屋といった所であったとしても、子供なりに何となく贅沢な気持ちになるということであって、そういうことが子供たちに非常に良い影響を与えるというふうに、昔ある施設の園長先生が言われていました。

また嘗て私はバスをチャーターし、五十人くらいを収容している施設の子供たちを東京ドームホテルのバイキングに招待したことがありますが、やはりその時も「こういう贅沢な雰囲気を一度でも味わわせると、子供の心が豊かになります。全く経験せずに過ごすより、本当に豊かになります」とそこの園長先生も私に仰っていました。

当該バイキングに招待した子供たちの多くは、「こんなに美味しいものを食べたことはない」と言って後に礼状を書いて送ってくれましたが、そうした手紙の中の一つに「本当に有難う御座いました。こんなに美味しい物は食べたことがなかったです。これからも食べることはないと思います」というふうに書いてあったことに、私は大変なショックを受けました。と言いますのも、その時私は「子供たちは自分の未来をも、非常にネガティブに考えている」と思ったからであり、「こういう子供たちを何とかしないといけないなぁ」と強く思った次第です。

子供というのは、例えば「あの人はいつも良い物を持っているのに、自分の持ち物は……」といった形で常に相対観で物事を考える傾向があり、常に負けていると感じている人は何か僻《ひが》みっぽくなったりするということが結構あるように思います。他方で、それほど裕福でなくとも多少の無理を承知の上で親ができる限りのことをしている状況の中で育った子供というのは、あまりがつがつした面がなく豊かな心というものが育っているように感じます。

そして、そういう子供は一つの落ち着きや品位といったものを持っているように思われ、甘やかすということとは少し違った意味で、安岡先生が言われたように「子供には高いものを豊富に与えておかねば成人して偉くならない」ということもあるのではないかとも思います。

10 老いを考える

「五十にして四十九年の非を知る」（『淮南子《えなんじ》』）、「行年六十にして六十化《か》す」（『荘子』）という言葉がありますが、何歳になろうが兎に角一生修養し続けるという意識を持つ必要がありましょう。

最近は「いや〜、私はもう年だから……」と言う人が結構いますが、年などというのは関係ありません。死ぬまで自己の向上を目指し、そして努力を惜しまないということが非常に大事なのだろうと私は思っています。

では、この老いをどう考えるのかということですが、一つは、老いによって様々な身体的機能が衰えていくことを肯定的に捉え、そこから新たに生まれる発達や円熟を目指す考えであり、これは「老年学」の土台と言われている考えです。もう一つは、老化そのものを否定する考えで、「アンチエイジング」や「エイジフリー」とか呼ばれるもので、アメリカなどでは、この二つの考え方は激しく対立し合っていると言われていますが、日本ではなぜかどうも曖昧なままのように思われます。そして、こうした二元論的な考え方の一方で、老化に伴って減少してくる体内成分等を適切に補給することで、年齢に応じた体の手入れを行うという「エイジングケア」という発想もあります。

「子供叱るな来た道じゃ　年寄り笑うな行く道じゃ」という妙好人《みょうこうにん》の言葉にもあるように好むと好まざるとに拘らず誰もが老いていくわけですが、それに対しエイジングケアというのはいかにして老化にうまく対応していくのかというものです。そもそも人間にとって老化にいかに対応していくのかというのは重要な関心事でありますが、現代のように平均寿命が八十歳を超えてきますと、当然ながらそのことは最大の関心事になってくるように思われます。また、権力の座を射止めた人の中には昔から金に飽かし力に飽かして不老長寿を追い求める者もいます。秦の始皇帝は徐福を遣わし不老長寿の薬を世界中で探させたと言われています。

その反面、日本では年間自殺者数が二〇一一年まで十四年連続して三万人を超え、しかもその中には若い人が結構入っているというのも事実であります。従って、必ずしも誰もが不老長寿を望むというわけではありませんが、殆どの人が健康でできるだけ長く生きたいと願っていると思います。そうした中で医療や医薬、健康食品など、アンチエイジングに連なる派生的商売の領域は、無限に広がる様相を呈しており、様々な商品がもて囃《はや》されているという状況です。

私共のエイジングケア分野に対する取り組みの第一歩として、世界で初めて大量低コスト生産を可能としたＡＬＡ（5－アミノレブリン酸の略称）という物質を有効成分とする医薬品、健康食品、化粧品の開発と販売促進を行うため、二〇〇八年四月にＳＢＩファーマ株式会社を設立しました。既に商品化されているものについては販売部門を担うＳＢＩアラプロモのホームページにて縷々《るる》掲載されている通りです。上述のＡＬＡというのは「アンチエイジング、抗酸化、運動機能の維持向上など、様々な健康機能の改善・維持・増進に応用が期待される物質」であると言われております。

三十六億年前の原始の地球に生まれ、生命の誕生に関与した「生命の根源物質」とも言われるＡＬＡとは「動植物の生体内に含まれるアミノ酸の一種であり、エネルギー生産において非常に重要な役割を果たす葉緑素（クロロフィル）や血液中のヘモグロビンの原料となるアミノ酸」のことであります。ＡＬＡには様々な効果があり、植物では生長促進効果がありますし、動物においては「ミトコンドリアのタンパク質、シトクロムの生産にも関与している」ことが研究から明らかになっています。
またミトコンドリアは「はるか二十億年ぐらい前に、酸素を使ってエネルギーを作るのが得意な好気性細菌が原始細胞の中に入り誕生した」と言われていますが、このミトコンドリアというのはもともとの植物細胞のみならず、動物の細胞にも存在する非常に不思議なものです。そして、そのミトコンドリアで合成されエネルギー産生を担う働きがあるヘムという成分の原料になるのがこのＡＬＡというもので、生命の維持活動に非常に重要な役割を果たしています。ＡＬＡの産生は人間の場合十七歳頃をピークに減少していくことが解明されており、上記ヘムを生産する唯一の物質であるＡＬＡを補うことができれば、老化を防止する一つの助けとなるのではないかということが私の一つの着想であります。

ＡＬＡのようにヒトの体内で生産され、加齢と共にその生産能力が徐々に衰え、体内量が減少してくるような物質は、やはり外から補給することによって老いに対応していくということができるのではないかと考えています。今後もアンチエイジングに連なる物資が次々に発見され、エイジングに対処していくことに繋がっていくことが大いに期待されます。

私共はこれまで様々な事業を手掛けてきたわけですが、私自身としても最後の集大成としてはこのアンチエイジングの部分に是非とも携わっていきたいと考えています。

11 何のために生まれてきたのか

戦国武将・島津義弘が残したとされる「薩摩の教え」の中に、「一、何かに挑戦し、成功した者」「二、何かに挑戦し、失敗した者」「三、自ら挑戦しなかったが、挑戦した人の手助けをした者」「四、何もしなかった者」「五、何もせず批判だけしている者」と、人物の序列について書かれています。言うまでもなく「何かに挑戦し、成功した者」は一番です。二番目の「何かに挑戦し、失敗した者」には、挑戦してやろうという気概があります。そして何でもかんでも一人でできるわけではないですから、「自ら挑戦しなかったが、挑戦した人の手助けをした者」も値打ちある者と言えましょう。

最低最悪なのが「何もせず批判だけしている者」ということで、一人前のことを言う人で何もしない人は意外に多くいるように感じます。要するにこれは「胆識《たんしき》を有していない人」、つまり「勇気ある実行力を伴った見識を持っていない人」を指しています。こういう人は、見識あり気に見えながら批判に終始し何ら挑戦することもなく、だから当然失敗することもありません。何かにチャレンジして初めて、何のために生まれてきたかがだんだんと分かってきます。仮にその時失敗という結果が出たとしたら、その人がこの世に生を受けたのはそのためではないのかもしれません。あるいは、それは将来の成功を目指しその失敗を教訓にしなさいといった天の采配《さいはい》かもしれません。私はいずれにせよ、事の成否に拘らず全ての努力に無駄はないと思います。

言うまでもなく人間は社会的な動物です。我々は一人では生きていけません。周りによって生かされているのです。そういう人間として生まれてきた以上、何か社会で果たすべき役割があるはずです。その役割が「天命」というものです。我々にとって天命を知ることとは、生きる目的を知ることだと言っても過言ではないでしょう。

私自身は四十九歳の時、インターネットを活用した金融事業によって、投資家主権あるいは消費者主権を確立し社会に貢献することを自らの天命として、起業を果たしました。その後に仕事を通じて生まれた利益を社会に還元すべく、公益財団法人ＳＢＩ子ども希望財団や社会福祉法人慈徳院、ＳＢＩ大学院大学を設立しました。これが、私のもう一つの天命となりました。孔子に倣《なら》って、次世代を担う人物の育成こそが最大の社会貢献になると考えたのです。
森信三先生は人間の一生というものを「『生から死へ』の間」に過ぎないと言われ、「偉人と凡人の差も、結局はこの生から死への間をいかなる心掛けで過ごすかという、その差に外《ほか》ならぬ」と言い切っておられます。そしてこの「『生から死』への間」の中でも、人生の賞味期限は三十年くらいのものであり、この三十年を精一杯に生きねばならないと述べておられます。期限が来たならば何かをしたいと思っても、満足な結果は得られないのです。森先生は次のようにも言われています。

人間も三十年という歳月を、真に充実して生きたならば、それでまず一応満足して死ねるのではないかと思うのです。

人間として価値ある生を送るために、この三十年間が大切なのです。
悔いなき人生にするのも、悔いばかり残る人生にするのも、全ては自分次第です。晴れやかな人生を送って命を終えたいと思うならば、自分自身に打ち克ち自らの天命を全うすべく必死で努力すれば良いのです。それは言葉で言うほど簡単ではありません。こつこつと時間を掛け努力を続ける必要があります。

しかし、己を高めるための時間を惜しみ努力を怠っているようでは、結局この世に何も残せぬままにタイムリミットを迎えてしまうのではないでしょうか。それでは折角人間として生まれてきた甲斐がないと思います。自らが望んだものではなく天から与えられた命です。何ゆえ自分に命が与えられたかの意味を深く考え、自分を大切に生きてほしいと思うのです。我々は最後まで命を愛惜《あいせき》し、意義ある人生だったと言える一生にしていかなければなりません。

第三章

人間として自身を築くため

1 人の真価というもの

安岡正篤先生は「人間の真価は何でもない小事に現れる」と言われていますが、私も全くその通りだと思います。その人の真価、本質、人格、あるいは品性というものは、その日その時のちょっとした立ち居振る舞いに現れてきます。大きいことだから現れるとか、小さいことだから現れないといったものではなく、あらゆる事に現れるのです。とりわけそれは出処進退に現れます。何か取り繕《つくろ》ってみたところで、その人の平生の態度がどうであったかということはその人の出処進退には全部現れてくるのです。

そして、小さいことに気が付く人は当然大きなことにも気が付きますから、「小事をいかに処理していっているか」とか「平生小さいことに対する気を付け方はどうなっているか」とかいうことを見ていれば、その人の全てが出てくるというわけです。隠そうと思っても隠せるものではなく、必ず現れてくるのがその人の品性であり、その人の真価というものであって、だからこそ平生の心掛けが大事なのだと私は思っています。

スイスの有名な法学者、哲学者であり政治家であるカール・ヒルティーが『幸福論』の中で「人間の真実の正しさは、礼節と同様、小事に於ける行に現れる。小事に於ける正しさは道徳の根底から生ずるのである。これに反して大袈裟な正義は単に習慣的であるか、あるいは巧智に過ぎぬことがあり、人の性格について未だ判明を与えぬことがある」と言っていますが正に至言です。

2 知情意をバランスする

「山路《やまみち》を登りながら、こう考えた」から始まる夏目漱石の『草枕』冒頭には次の有名な一節があります。

智に働けば角《かど》が立つ。情に棹《さお》させば流される。意地を通せば窮屈だ。兎《と》角《かく》に人の世は住みにくい。

住みにくさが高じると、安い所へ引き越したくなる。どこへ越しても住みにくいと悟った時、詩が生れて、画《え》が出来る。

これは一種の芸術論とも言えますが「兎角に人の世は住みにくい」というのは、ある意味で正しいと思います。この住み難い世の中において心の憂いがなくなるという境地、即ち『易経』にある「楽天知命（天を楽しみ命を知る）」という境地に達するには、大変な修行をせねばなりません。

鍛錬に鍛錬を重ねても、前述したように角が立ったり流されたり窮屈に感じたりといったことが頻繁に起こってきますから、そう簡単にいくような話ではありません。知情意全体をバランスしていくには、例えば知に関しても、知を押し通すというのではなく知をいかに表現していくかといったように、知情意それぞれの中でのバランスも重要になってきます。

『論語』の「雍也第六の二十九」でも「中庸の徳たるや、其れ至れるかな（中庸は道徳の規範として、最高至上である）」と述べられている通り、中庸という一つのバランスを保っていくのは至難の業ですが、知情意を統一体としてバランスさせるだけでなく個々の中でもバランスを取るということは、やはり死を迎えるまで修行し続けていかざるを得ないのだろうと思います。

知情意をバランスさせるということは、結局のところ東洋哲学に言う平常心や恒心《こうしん》といったものを持つことに繋がるわけで、いかなる事態においても恒《つね》の心、即ち常に定まったぶれない正しい心を保っていかねばなりません。「どれほどの急変が起ころうとも、その心は失わない」とか「様々な形で周章狼狽《しゅうしょうろうばい》するような状況になっても、その心は失わない」といった形で恒心を保つのは非常に難しいことですが、どのようにしてその実現を図るかと言えば、私はとりわけ次の三つが重要であると考えています。

第一に、人生におけるあらゆる辛酸を嘗め尽くしとまではいかなくとも「世の中には自分以上に苦しんでいる人が沢山いる。自分の存在は寧ろありがたい」というふうに一面思えるよう、兎に角色々な経験をするということです。

第二に、中国清朝末期の偉大な軍人、政治家で太平天国の乱を鎮圧した曾国藩が言う「四耐四不《したいしふ》」、すなわち「冷に耐え、苦に耐え、煩に耐え、閑に耐え、激《げき》せず、躁《さわ》がず、競《きそ》わず、随《したが》わず、もって大事を成すべし」という言葉の実践です。例えば、私などもお会いする方に「北尾さんは恵まれていて羨ましい」と言われることもありますが、期日までに確実にこなさねばならない案件が常に山ほどあり、かつそれが増え続けているという状況で、限られた時間の中でどんどん迫ってくる「煩」というものに日々耐えながら、粘り強く裁き続けていくのは実に大変なことであると感じています。

そして最後は「学」というものであります。荀子も言うように憂えて心が衰えないようにするため、世の中の複雑微妙な因果の法則を悟って惑わないようにするため、学問をしっかりと修めねばならないということです。

このように兎に角様々な面で大変な経験を積み、「四耐四不」で艱難《かんなん》辛苦を克服していく中で自らを鍛え上げ、そこに学問をするということが合わさって、恒心・平常心とか知情意のバランスが達成されていくのではないかという気がしています。

3 人間力を高めるために

儒教や仏教あるいは道教といったものを一緒くたにしたのが、明末の洪応明の『菜根譚』という書であり、同書を読んでいますと、「どこかで見た表現だなぁ」と思うことが結構あります。「人の小過《しょうか》（小さな過ち）を責めず、人の陰私《いんし》（そっとしておきたい隠し事）を発《あば》かず、人の旧悪《きゅうお》（古い悪事）を念《おも》わず。三者以て徳を養うべく、また以て害に遠ざかるべし」という言葉もその一つです。

徳を養う上で大事か否か別にして、人の小さな誤りをぐちゃぐちゃと言わないとか、過剰に部下を責め立てないといったことは、人材を集める上でも人を育てる上でも大事なことだと思います。

例えば、『論語』の「子路《しろ》第十三の二」にも「有司《ゆうし》を先にし、小過を赦《ゆる》し、賢才を挙げよ……先ず役人を適材適所に配置し、仕事を分担させ、小さな過ちは許し、優秀な人材は抜擢する」とあるように、小さな失敗を咎めクビを切ってしまうようでは、リーダー失格と言わざるを得ないでしょう。

それから残りの二つ、「陰私を発かず」および「旧悪を念わず」ですが、前者について言えば「そっとしておきたい隠し事」は誰にでもあるわけで、それを敢えて暴くとすればその人との関係はがたがたになってしまいます。後者も同じようなことで、人の過去の過ちを掘り起こして蒸し返すと結局は人の恨みや反発を買うことになるだけです。

そして、私自身は自分の人格（人徳）を磨くことに関わる「四常（仁・義・礼・智）」を磨き人間力を高めるため、孔子が実践した「四《し》を絶つ」ということが徳を養う上で大事だと思っています。即ち、『論語』の中に「意《い》なく、必《ひつ》なく、固《こ》なく、我《が》なし」（「子罕《しかん》第九の四」）とあるように、「私意がない、無理を通すことがない、物事に固執することがない、我を通すことがない」というのが大事だと考えます。

「中庸の徳たるや、其れ至れるかな」（「雍也第六の二十九」）と言うぐらい、孔子は中庸を最高至上の徳とし、バランスを保っていくこと、バランスの取れた人間になることを大変重要なこととしていました。この中庸の徳を養うべく、彼自身が実践したのが「四を絶つ」ということです。孔子自らがそういうことを律する中で、非常にバランスの取れた人間となったので、徳を養う上で大事なのはこの「四を絶つ」ということだと私は考えています。

4 忍耐というもの

忍耐というのは非常に難しいものです。「忍は忍なきに至ってよしとす」という石田梅岩《ばいがん》先生の言葉がありますが、そうした忍ということの極致にダライ・ラマも達していたという旨をある本で読みましたが、そうした境地に達するのは至難を極めることです。

そもそも忍というものは、個々それぞれの感情をどれだけ抑えるのかということですが、それには相当な精神的トレーニングが必要です。

王陽明が弟子に与えた手紙の中に次のような言葉があります。「天下の事、万変と雖も吾が之に応ずる所以は喜怒哀楽の四者を出でず」――王陽明は我々が無感動になることではなく、いかに喜び、いかに怒り、いかに哀しみ、いかに楽しむかが人生の全てであると言っているのです。我々は往々にして感情に溺れ、執着することによって欲の虜になっていきます。人間学を通じてそうした感情を適度に抑えるということを修養しなければ、人間としての完全なるバランスの世界には到達し得ないわけです。

また道歌の中にも、例えば木喰上人《もくじきしょうにん》の歌に「まるまると　まるめまるめよ　わが心　まん丸丸く　丸くまん丸」とありますが、こういうことを始終言い続けながら、丸く丸めていく努力を怠ってはいけないということでしょう。

ある事柄で人から怨まれたという場合、果たして何をもって怨みに報いるのかという問題があります。孔子は『論語』の「憲問第十四の三十六」で「直《なお》きを以て怨みに報い、徳を以て徳に報ゆ（公正公平をもって怨みに報い、恩徳によって恩徳に報いるべきです）」と述べています。

つまり、直というのは公正公平のことであり、公正公平というのもある意味一つのニュートラルなバランスの取れた世界に立つことを意味しているわけですから、須《すべか》らくこの直を追求していくことなしに中庸の世界には到達し得ないということです。結局のところ、様々な精神の糧となる書物を読んで自らを省み、そして自分の心を尽していくということ、即ち「自反尽己《じはんじんこ》」ということ以外に中庸の世界への道はないのであろうと私は思っています。

5 独ということ

「独立の気力なき者は、必ず人に依頼す。人に依頼する者は、必ず人を恐る。人を恐るる者は、必ず人に諛《へつら》ふものなり」という福沢諭吉の言葉がありますが、この独立の「独」ということの意味について述べていきたいと思います。

独というのを「独りで寂しい」とか「孤立している」といったふうに浅解している人が結構いるように感じますが、なぜ独という字が東洋において標語や雅号に使われてきたのかと言えば、そこには深い意味があるからです。それを一言で言えば「相対」に対する「絶対」を意味しており、要するに自ずからに足りて何ら他に期待することなく徹底して自分自身により生きる、そういうことを独というのです。

西郷南洲公が山岡鉄舟について語った言葉で「命もいらず、名もいらず、官位も金もいらぬ人は、始末に困るもの也」というのがありますが、正にこういう始末に困る人が独の人であります。そしてその独の人でなければ、「艱難を共にして国家の大業は成し得られぬ」わけで、それぐらい独というのは大事な境地であり、とりわけ一国のリーダーになるような人物にとっては非常に重要なものです。それが地位や金、あるいは妻子を頼って生きている人は、例えば「退職して地位をなくしたら、自分はどうなるのだろう……」とか「家内がいなくなったら、自分はどうなってしまうのか……」といったようになってしまうわけです。

そうしたものを一切頼らず正に「一剣《いっけん》を持《じ》して起《た》つ」という宮本武蔵のような絶対の境地に至っている人は、自分自身を相手にして生きるものです。即ち、そうした人は自己の絶対を尊ぶという「独尊」あるいは「自尊」の世界にあって、そしてその独尊（自尊）の人は「互尊」という感情を他の独尊（自尊）の人に対して抱くわけで、独というのは先に述べたような単純な意味ではないのです。

6 直観力を高める

私はこの直観力ということを、非常に大事なものとして位置付けています。

現代心理学においては「意識」というものは「顕在意識」「潜在意識」「超意識」と大きく言って三つあるわけですが、当該学問から「直観とは何か」を見てみますと、直観とは「超意識にある情報を顕在意識に持ってきて認知すること」となっています。そうした意味からは過去・現在・未来のあらゆる情報が入り、あらゆる人が共有化できる超意識、即ち潜在意識を更に超える深層部分へのルートの有無こそが直観力を左右するのであろうと思います。この超意識とは仏教的に言うと「阿頼耶識《あらやしき》」というものですが、そこから顕在意識下に情報を持ってこようとする場合、潜在意識の中にある様々な障害物、例えば過去の恐怖や嫌な思い出のようなものに妨害されてしまいます。従って、この色々な障害物を上手に潜り抜けるべくいかにして超意識の世界に繋がるルートを付けるのかが直観力を得る鍵となるわけですが、そういう中では精神的練磨や学問的練磨、あるいは経験的練磨といったものが求められ、そしてそれらが全て合わさって超意識に至る一つの道ができてくるということなのだろうと思います。

凡《およ》そ二千数百年という長い人類の歴史の篩《ふるい》に掛けられた書物は人格を陶冶《とうや》し続けた先哲たちの直観的知恵、あるいは徳慧とも言い得るものの結晶であり、我々はそうした古典を学ぶ中でその直観的な知恵を学ぶことができるわけです。それ故、現代心理学においても人間学に通ずる古典を学ぶ必要性が様々な形で実証されていっており、古典の勉強に限らず様々な経験や修練を積んだ人は直観の確度が高くなるということなのだろうと思います。

7
馬鹿な人、普通の人、賢い人

稲盛和夫さんが述べたとされる言葉の一つに「バカな奴は単純なことを複雑に考える。普通の奴は複雑なことを複雑に考える。賢い奴は複雑なことを単純に考える」というものがあります。この「複雑なことを単純に考える」というのはいかなることかについて、以下簡潔に私見を申し上げたいと思います。

ここで稲盛さんが言われている真意とは、恐らく「賢い奴は複雑なことを単純に考える」というような文面通りの意味ではなく、「賢い奴は複雑なことのポイントが直観的に分かる」ということだと私は捉えています。例えば、ぐだぐだと説明し続けて結局のところ何が言いたいか分からないという人がいますが、こういう人はある物事に関して一体何が重要でどこがポイントなのかを押さえていないから、いつまで経ってもそうした話しかできないのだろうと思います。

賢い人というのは「複雑なことを単純に考える」というよりも、物事のポイントが何かということが直観的に分かり、そして先ずはそのポイントについてその本質はいかなるものかと考えていく人を言うのであろうと思います。

8　「しつこさ」と粘り、「可愛さ」と愛嬌

成功する人というのは、自分が掲げた目標に向かって様々なものを犠牲にしながら、ひたすら突き進んでいくということもあるでしょうし、あるいはその突き進む過程で運にも非常に恵まれたということもあるのだろうと思います。そうしたことができなければ成功するのは難しいと思います。また、成功するために運を呼び寄せるものとして「努力」「誠実さ」「粘り」の三つがとりわけ重要であると思います。

成功する上で大事な要素となるこの粘りとは、ある意味「しつこさ」のことだと私は捉えていて、そのしつこさの故に最後の最後に一頑張り、一粘りでき、それにより成功に到ることは結構あります。日常的にもしつこさを有しているからこそ、それが最後の粘りに繫がっていくという部分もあると思います。しつこさと言った時にいつまでもぐちゃぐちゃと同じことばかり言っている類の、時として人に不快感を与えるしつこさもあります。そういう意味で言うと、しつこさと粘りというのは似て非なる

ものでありますが、私が指摘したしつこさとは最後の最後までやり抜く粘り、「為せば成る　為さねば成らぬ」の気概を指したものであります。

次に「可愛さ」ということで私見を述べますと、外見でなく内面的に「可愛い人」とは「愛嬌のある人」を言うのでしょうが、「男は度胸、女は愛嬌」と言われるくらいやはり愛嬌のある女性は、人から好感を持たれたり可愛がられたりします。これは、男についても言えることとです。「仕事は基本一人ではできない」という鉄則がある中、人から好感を持たれたり可愛がられたりするのは、成功を収める上で重要な要素であることに違いなく、運に繋がるとまでは断言できませんが、様々なご縁を得る上でも非常に大事なことだと思います。

その人が何となく幅の広い人間でそこに愛嬌があるとなれば、それなりに人が入っていき易い要素になり得るのであって、お客様や仕入れ先あるいは多くの社員たちもその人物を慕って来、そうした人との繋がりの中で色々なものが実現できるようになっていくわけです。ぶすっとしている人は、人と知り合いになるのもなかなか難しいということがあるかもしれませんが、他方で愛嬌のある人は、様々な人に会え誰とでも親しく話ができ、人と知り合いにもなり易いものです。それは勿論、その相手に便乗したりすることでなく、自分なりの主張をきちっとしながらも、その可愛らしさ故に相手が何となく共感してくれるということであります。

ちなみにこの愛嬌とは、持って生まれた性格だとも言えますし、環境の中で育てられたものだと言えるのかもしれません。例えば俳優は色々な役を演じていますが、その中には愛嬌のある役もあれば、ぶすっとしている役もあります。ですから、愛嬌は己が修練を積む中である意味つくり出せるものだと言えなくもないでしょう。

9　「三無」の先に成功なし

トーマス・エジソン（一八四七―一九三一年）の言葉に、「人生に失敗した人の多くは、諦めた時に自分がどれほど成功に近付いていたか気付かなかった人たちだ……Many of life's failures are people who did not realize how close they were to success when they gave up」というのがあります。大天才のエジソンであればこそ、こうした議論ができるのだろうと思います。彼は「一番いけないのは、諦めること。成功するためには、兎に角もう一度チャレンジしてみればいい」と言いますが、成功に全く近付くことなくどんどん離れていく人も結構いるのが現実というもので、私が見ている限りそもそも多くの人は「三無」であって、この人たちが幾らチャレンジしても成功するとは思えません。

起業家で言えばその中には夢想家が沢山いますが、なぜ事業家になれずに夢を見るだけの夢想家で終わってしまうのでしょうか。それは、第一に知識がないということ即ち勉強が足りないということ、第二に言葉だけで勇気を持った実行力がないということ、最後に戦略がないということ、つまり「三無」だからです。知識がなければ戦略を策定するところまでいかず、知識を発展させ実行力を伴う見識を持つこと即ち胆識に高めることもできず、故に夢が実現することはないのです。そういう意味では、エジソンは「成功しない人がいたとしたら、それは考えることと、努力すること、この二つをやらないからではないだろうか」とも言っています。先ず第一に「三無」を改善することなく、冒頭のエジソンの議論は成り立たないと思います。

10 好機を掴む上で大事な要素

三菱財閥の創設者・岩崎弥太郎《やたろう》は「機会は魚群と同じだ。はまったからといって網をつくろうとするのでは間に合わぬ」と言っておられます。

好機を掴む上で大事な要素としては第一に、あらゆることに素直であるということが挙げられます。自分が素直であれば、自身を取り巻く森羅万象あらゆるものから様々なことを吸収していくことができます。逆に自分が素直でなければ、様々な事柄が屈折して入ってきたりします。従って先ずは素直にそれを受け入れて消化し、それが好機か否かの吟味ができる状況でなければなりません。「好機なんか自分でつくるものだ」と言う人と、素直に全てを受け入れている人とには大きな差が生じるのです。

第二に挙げられる大事な要素としては、常日頃から自分で求めている対象が明確にあり、そのタイミングを探し求め続けているということです。その人にとって好機かもしれないことが、他の人にとっては何ら好機に非《あら》ずというケースは多々あります。

なぜその人がすぐにそれが好機だと分かるのかと言えば、それは常時はっきりした判断基準を持っているからです。「好機は、それが去ってしまうまで気付かれないものだ」とも言われますが、好機を逃さぬよう日頃そうしたスタンスを有しているかどうかが一つ重要になるのです。

第三には、何事においても好奇心を持っていることです。例えば二つの事象があるとして、最初その二つは関係ないと思われたとしても、角度を変えれば何らかの関係があることに気付いたりすることがあります。ですから、全てに好奇心を持ち、受け入れて考えてみることが必要かと思います。

最後にもう一つ、通常は好機か否か・勝機か否かと自分のために考えるもので、また各人がそうすべきものだと思います。確固たる主体性を有した自己を確立していなければ何が自分にとっての好機か判断できません。そうでない人にいかなる事柄が持ち込まれようとも、いかなる転機が訪れようとも、その人はそのタイミングで何ら反応し得ず、みすみすその好機を掴み損ねてしまうのです。

11 信用を得るということ

「信用」ということに関し本田宗一郎さんは、「ひとつは人間愛だと思う。人を愛し、人に愛されることだ。ひとつは約束を守ること。もうひとつは人に儲けさせること。つまり自分の人生と仕事を通じて多くの人に恩恵を与えることに尽きると思う」と言われています。

人から信を得るに最も重要な要素は、やはり「約束を守ること」が基本だろうと私は思います。本田さんはそこに「人を愛し、人に愛されること」、あるいは「人に儲けさせること」という要素も加味されているようですが、私は誠実であること・嘘を言わないことが一番大事であると考えます。信という字は、人偏に言と書きます。その人の言に嘘はないか・その人の言が誠実かということです。この信というのは「五《ご》常《じょう》」と言われる、君子になるべく磨く徳性の一つであります。五常とはそれぞれ、「仁：他を思いやる心情」「義：人間の行動に対する筋道」「礼：集団で生活を行うために、お互いが協調し調和する秩序のこと」「智：人間がより良い生活をするために出すべき智慧」「信：集団生活において常に変わることのない不変の原則」です。

孔子を始祖とする儒学では、人間力を高めるため、これらの五常をバランス良く磨くべしというわけですが、更に言えばこれは対人関係に関するものである信と、自分の人格（人徳）を磨くことに関わる四常（仁・義・礼・智）に分けられます。この信について、孔子は非常に重きを置いています。それは、例えば「人にして信なくんば、其の可なるを知らざるなり」（「為政第二の二十二」）という言葉にもよく表れています。つまり、孔子は「人間関係、人間の社会は信義に基づいて成り立っている。信義なくしては人間関係も社会も成立しない」と言っているのです。

集団生活にあっては、集団を構成する部分と集団全体との関係の在り方には欺瞞《ぎまん》があってはなりません。ここに嘘偽りがあったならば、全てが狂ってしまいます。従って全体と部分・部分と部分の構成員には、一貫して変わらない「不変の徳」がなければいけません。この不変の徳のことを信と言います。信は社会存立の基礎であり、これが失われたら社会は崩壊する他ないのです。為政者に対する不信、人間への不信、友人への不信、親子・兄弟・夫婦間の不信――こうした不信に終始するならば、人はこの世に一刻も生きてはいけなくなるのです。正に『論語』にあるように「信なくんば立たず」です。

第四章

リーダー論

1　人物をつくる三つの要諦

企業であれ国や地方自治体であれ、それなりの人物がトップを務めるということが、非常に望ましいと思います。

では、人物というのはどのようにつくられていくのかと考えるに、その要諦は次の三つではないかと思います。

先ず第一に「敬と恥」ということです。安岡正篤先生は「人の人たるゆえん」としてこの言葉を挙げておられます。自分より優れた人間を見た時に敬する心を持つということ、そして同時に自分がその人間より劣っているという時に恥ずる心を持つということ、この敬と恥こそが人間を時に発奮させ、人間をより良きものにさせていく一つの原動力になるものだと思います。

次に挙げられるのは安岡先生の言われる「東洋哲学の生粋」、つまり「尽心《じんしん》」「知命」「立命」を学び、自己維新しなければならないということです。自己維新するとは、心を尽くし、本来の自己を自覚し（尽心）、天から与えられた使命を知り（知命）、自己の運命を確立する（立命）という一連の人間革命の原理を実践するものです（安岡正篤著『知命と立命—人間学講話』）。この「尽心」「知命」「立命」というプロセスを常に行い自己を究明し維新していくか否かが、人間として生きる上での大きなポイントになると私は考えています。

そして三つ目は一生涯学問修養だという認識を持つことであり、かつそれは知行合一的な修養でなければならぬということです。知と行が相待たないような修養では意味がなく、いかに先哲の本を読み何が大事かを知っていたとしても、日々の実践の中にそれが現れないとなれば、何も身についていないのと同じことです。陽明学の『伝《でん》習録《しゅうろく》』には「事上磨錬」という王陽明の言葉があり、この日々の生活の中で己を鍛え上げていくことを説いていますが、知行合一的な修養を一生涯続ける結果として人物というものができ上がるのだろうと思います。

では、人物ができ上がったらどういうふうになるのかと言えば、安岡先生の言われる下記「六然《りくぜん》」ということになるのでしょう。

・自処超然《ちょうぜん》――自分自身に関してはいっこうにものに囚われないようにする。
・処人藹然《あいぜん》――人に接して相手を楽しませ心地良くさせる。
・有事斬然《ざんぜん》――事がある時はぐずぐずしないで活発にやる。
・無事澄然《ちょうぜん》――事なき時は水のように澄んだ気でいる。
・得意澹然《たんぜん》――得意な時は淡々とあっさりしている。
・失意泰然《たいぜん》――失意の時は泰然自若《じじゃく》としている。

以上述べてきた人物をつくる三つの要諦を押さえ、「六然」の境地に心身を置けるような人物にこそ、私は指導者になってもらいたいと思っています。

2　君子は器ならず

人物評価に関連して、昔から「器量」や「度量」あるいは単に「器」といった様々な言葉が使われています。例えば『論語』の「為政第二の十二」にも「君子は器《うつわ》ならず」（君子とは一定の型にはまらないような人物だ）とあります。

また『論語』の「公冶長第五の四」では左記のように述べられており、子貢は祭祀に用いる器だと孔子に言われたわけですが、そういう型にはまるというのではなく、何かの専門馬鹿といった形ではないのが、君子なのだろうと思います。

書き下し文：子貢、問うて曰く、賜《し》や如何《いかん》。子曰く、女《なんじ》は器なり。曰く、何の器ぞや。曰く、瑚璉《これん》なり。

現代語訳：子貢が尋ねた。「私はどのような人間でしょう?」。孔子が言われた。「お前は器だよ」。子貢が更に尋ねた。「どのような器でしょうか?」。孔子が言われた。「宗廟で食べ物を盛る礼器は貴重な器だよ」。

君子は器ではなく、器を使うのが君子であり、度量のある器量の大きい人ということです。君子人《くんしじん》とした人の中にはぼうっとしていたり「この人、何を考えてるんだ?」と周囲に思われるような少し普通の常識からは逸脱したところがあるような人もいます。例えば、嘗て放映されていたNHK大河ドラマ『龍馬伝』の第一回の中で、「くそは尻から出るもんじゃき、こっち（目頭）が目尻っちゅわんとおかしいぜよ」と龍馬が話すシーンがありましたが、私はそれを見ながら「正に大器の器で大変な器量を持った人というのは、やはり少し変わっているんだなぁ〜」と思ったものです。

私が知る限り、ある面において癖のない人間でいわゆる大器だと思わせたり器量人だと思わせる人は殆どおらず、どちらかと言えば大した人物は大いに癖があり、何か事が起こると人が思い付かないような形で大事を成すような人ですから、そういう意味ではなかなか見分けが付け難いものです。例えば、「伯楽の一顧」の中で、「伯楽

（人物を見抜き、その能力を引き出し育てるのが上手な人）」というのは「驥《き》（一日に千里を走ることのできる良馬。転じて、優れた才能を持つ人）」を見抜く時、性別や毛色等々の枝葉末節だけを見るのではなく、もっと本質的なところで本物と偽物を見極める目を持っているという左記の逸話があります。

秦の穆公《ぼくこう》は、自分の部下で馬の鑑定の名人である伯楽を大いに尊重していたのですが、彼も老齢となったため、秘訣を子供に伝えておくように命じました。ところが伯楽は、「私の子供は凡人でその素質はないと思います。馬を外見から見るだけなら、形や筋骨などで分かるのですが、千里の馬という名馬となれば、外見上の顔・姿・格好からでは判別できないのです」として、その能力を備えた人物として九方皐《きゅうほうこう》という人を紹介しました。穆公は、喜んで、彼に名馬を堆薦するよう依頼したところ牝の黄色の馬を指定してきました。早速それを取りにやらせると案に相異してその馬は牡の黒毛の馬でした。公は怒って伯楽を詰問すると「馬を観ず、天機《てんき》を観る」と返事をしたとのことです。はたして、この馬は千里の名馬だったと言います。

本当の器量人の中には、変人扱いされたり馬鹿にされたりする人が結構いるということであって、とりわけリーダーたる者はそういう人を見抜く目を持たねばならないのですが、実際は小成に安んじたり小さく凝り固まったスケールのあまり大きくない人間について、正鵠《せいこく》を射たように思いがちです。

私も六十五歳を迎え、今だんだんと我が社の後継者をどうしていこうかと考えていますが、やはりあまり型にはまった人は駄目だろうと思っているところです。

3　将に将たる器の人

世の中には「大将になれる人と、大将の大将になれる人の二種類」がいて、昔から「将に将たる人」とは言いますが、ではいかなる人物が将に将たる人かと聞かれますと、それを定義するのは非常に難しく、単純に定義できるものではないと思います。

やはり将に将たるというわけですから、自分と意見が違ったり対立したりするような状況にある人、例えば敵の将からも畏敬の念を持って見られ、「あいつは正に将に将たる器だなぁ～」と思われるような人を、そう言うのではないかと私は思っています。即ち将という場合、例えば陸軍・海軍・空軍にそれぞれいる将を纏め動かしているのが将に将たる人かと言えば、必ずしもそうではなく、全軍を率いているというだけでは十分ではないということです。

指導者たらんとする者は、やはり敵味方の区別なく万人が「あぁ、なるほどなぁ～」と思うような発言ができるとか、あるいは「あの人がいる限り、この問題は手を出し難いな」と、誰から見ても重きに思われるような人物でなければなりません。敵対する相手国のそういう立場の人からも「あの人がいたら、やはり戦争に踏み切れない……」とか「あの人のためなら、まぁ妥協点を見いだそうか」と思われるような人こそが、正に将に将たる人ではないかという気がしています。

一つ例を挙げて述べますと、政界で「小異を捨てて大同に就く」という言葉が安易に語られることがありますが、あの中国の故周恩来首相の「小異を捨てて大同に就く」という名演説によって、一九五五年に開催された「バンドン会議」の流れが変わり「平和十原則」の宣言が可能となったということがあります。国際会議が開かれ各国首脳が集まるという場合、そこに集まる首脳とは皆ある意味で将でありますが、そういう場においてなかなか意見が纏まらないといった時にリーダーシップを大いに発揮し、それをさっと纏め一つの方向性に導くような人は、やはり将に将たる人であると言えましょう。

従って将に将たる器というのは、対立する敵からも一目置かれ、「あの人のためなら……」と敵対者の中からも協力者が現れ、そして結果を出すべく一つの合意に纏める力を発揮できる、つまりは正反合の世界をどれだけつくることができるのかにより、その偉大さが定義されるのではないかという気がしています。

中国古典の『文章軌範』という本の中に「一国は一人《いちにん》を以て興《おこ》り、一人を以て亡ぶ」という有名な言葉もありますが、一人の英傑《えいけつ》の存在は極めて大きなものです。この二十一世紀に日本のみならず世界中で希求されるのは将に将たる人物であり、そういう人物が世界とのコミュニケーションを図り、世界を引っ張っていく中で正反合を具現化する、正に中庸の世界というものを実現していくことがますます大事になってくるのではないかと思います。

4 「敏」ということ

『論語』の「陽貨《ようか》第十七の六」に「恭《きょう》・寛《かん》・信《しん》・敏《びん》・恵《けい》」という「リーダーの五つの条件」が書かれていますが、その一つとして孔子は「敏なれば則《すなわ》ち功あり」と言っています。この「敏」というのは敏になろうと頭の中で考えるようなことではなく、人間のみならず動物も持っている一つの本能のようなものです。あらゆる動物は生きていくために自らの食料を確保すべく本来的に敏でなければなりません。機敏に動かねば他の動物に食われるという世界が弱肉強食の自然界の常であって、そこに住む動物などはあらゆるところに神経が行き届き敏捷《びんしょう》な動きを常々しています。それ故そういう感覚が人間の中にも残っていて、仕事においても色々な形で現れてきます。例えば人によっては、何かにピッと閃き「機」というものを捉え、変化の妙を発揮するというところまでいくようになるわけです。

孔子は常に敏ということを非常に大事にして、この章句でも「敏速にことを処理すれば成績は上がる」と言っており、表面的には確かにそういうことだと思います。しかしながら深層的には、人間が持っている本能的なものあるいは動物的なものが、仕事の中で変わった姿を取り、そして物事の変化の兆しを捉えてパッと動いていくといったことなのだと思います。

安岡正篤先生が「学問・求道では特に心を活かすということが大切だ（中略）。単なる論理的頭脳でなく、活きて心が閃く、機を捉えて活かすことだ」とされているのは、正にそうした形になっていくことを言われているのだと思います。

5 深沈厚重は人物の第一等の資質

『論語』の「子路第十三の一」に、「子路、政《まつりごと》を問う。子曰く、これに先んじ、これを労す。益《えき》を請《こ》う。曰く、倦《う》むこと無かれ……子路が政治について尋ねた。孔子が答えて言われた。『自ら大衆に率先垂範し他の人を思いやってこそ、人を勤勉にさせることができる』。子路がさらに教えを請うと、孔子が言われた。『途中で倦《あ》きることなく最後までやることだ』」という孔子と子路のやり取りがあります。

孔子は「これに先んじ、これを労す」ということ、即ちリーダーの姿勢として民《たみ》に先立って行動し、民を思い、その労をねぎらうのが大事だという至極当然のことを言っており、これは子路という人を見て法を説いたというわけではなく、一般に組織を束ねるリーダーはそうした姿勢がなければならないということです。

また似たような話として『論語』の「顔淵第十二の七」に、「子貢、政を問う。子曰く、食を足し兵を足し、民をしてこれを信ぜしむ。子貢曰く、必ず已《や》むを得ずして去らば、斯《こ》の三者に於いていずれをか先にせん。曰く、兵を去らん。曰く、必ず已むを得ずして去らば、斯の二者に於いていずれをか先にせん。曰く、食を去らん。古《いにしえ》より皆死あり、民は信なくんば立たず……子貢が政治について尋ねた。孔子が言われた。『食糧を豊富にし、軍事を充実させ、人民に信義を持たせることである』。子貢が言った。『もしどうしてもやむを得ない事情でこの三つのうち一つを省《はぶ》くとしたら、どれを最優先にしますか？』孔子が言われた。『軍事だね』。子貢が更に言った。『もしどうしてもやむを得ない事情で残った二つのうち更に一つを省くとしたら、どれにしますか？』孔子が言われた。『食糧だね。どんな人間でも昔からいつかは死ぬが、人民に信義がなくては国家も社会も成り立たないよ』」という孔子と子貢のやり取りがあります。孔子は「信なくんば立たず」という政治の要諦、即ち国民が政治に不信感を持つということになれば最早その国の政治は成り立たなくなると言っており、これもまた極めて常識的な話であって、子貢という弟子に合わせて何か特別な回答をしているわけではありません。

加えて「顔淵第十二」には、「斉の景公《けいこう》、政を孔子に問う。孔子対《こた》えて曰く、君《きみ》君たり、臣《しん》臣たり、父《ちち》父たり、子《こ》子たり……斉の景公が孔子にどのように国を治めるかについて尋ねられた。孔子が答えて言われた。『君主の行いは君主らしく、臣下の行いは臣下らしく、父親の行いは父親らしく、息子の行いは息子らしくするべきです』」や、「子張、政を問う。子曰く、これに居《お》りては倦むこと無く、これを行うには忠を以てす……子張が政治のやり方を尋ねた。孔子が言われた。『その地位に就いたならば、倦むことなく熱意を傾けてやれ。事を行うに当たっては、真心を尽くして忠実であれ』」とか、あるいは「季康子《きこうし》、政を孔子に問う。孔子対えて曰く、政とは正なり。子帥《しひき》いて正しければ、孰か敢《あ》えて正しからざらん……季康子が孔子に政治について尋ねた。『政とは正という意味です。あなたが率先して正しいことをすれば、誰が不正を行いましょう』」といった孔子と景公・子張・季康子とのやり取りもあります。

孔子はそれぞれの弟子に向けて、それぞれに合うことをカスタマイズして伝えていたことが結構多かったのですが、右記に関してはどちらかと言えば人を見てというよりも、その人の立場や職責あるいは実際その人が政をなしているか否か等に彼は重きを置いて判断し、極当たり前の事柄をそれぞれに答えたのだろうと思います。

そもそも政治というものは畢竟《ひっきょう》「人を動かし、世を動かすこと」であって、どのような人を自分の周りに置くのかは極めて重要なことであります。政治で何が一番大事かと言えばやはり「人物を得る」ということでしょう。これは政治に限らず組織のトップにも求められることです。人間がある程度の人物か否かというのは、その風貌から立ち居振る舞いそしてまた発言に至るまで全てのところに表れてきますから、その中には能力や手腕といったことも勿論含まれ、ある意味での人間力というようなより大事なものが表れてきます。

更に言うと、重厚感や教養そして胆識といったものを感じさせない指導者は指導者たり得ないであろうと思います。例えば中国明代の著名な思想家・呂新吾《りょしんご》の『呻吟語《しんぎんご》』という書物には、指導者に求められる資質について「深沈厚重《しんちんこうじゅう》、是第一等資質」「磊落豪雄《らいらくごうゆう》、是第二等資質」「聡明才弁《そうめいさいべん》、是第三等資質」と順位付けて論じられています。つまり指導者というのは、「磊落豪雄（明るく物事に動じない）」「聡明才弁（非常に頭が良く弁が立つ）」だけでは全く不十分で「深沈厚重な人、深く沈着で思慮深く厚み重みがあり安定感を持つ人」でなければならないというわけです。

6 人の動かし方

私は社員に対し常々口だけの人間になるなということ、つまりああだこうだと言うだけでなくやってみてその結果を見せなさいと、英語で言えば〝Don't tell me. Show me.〟ということを終始言ってきました。しかし、それだけでは不十分だと思っています。

「やってみせ、言って聞かせて、させてみせ、ほめてやらねば、人は動かじ」とは山本五十六《いそろく》元帥の至言でありますが、上に立つ者はさせてみせるだけで事足りるものではなく、やはり言って聞かせやってみせ、褒めてやらねばならないということです。『論語』の「子路第十三の六」に「其の身《み》正しければ、令《れい》せざれども行わる。其の身正しからざれば、令すと雖も従わず」という孔子の言もあるように、皆に先達て身を修めて実践し、口先ではなく正に後ろ姿で部下たちを導く「率先垂範」の人でなければ駄目なのです。

また褒めるということは、人に感激を与え、人を動かす上で大変重要な要素でありますが、人材育成に当たっては叱ることと褒めることのバランスが大切です。叱るべきはきちっと叱り、その人に「なぜあなたは叱られているか」をはっきりと教えて、よく理解させる必要がありましょう。

それからもう一つ、人を褒めるにしても褒め殺しという言葉もありますが、褒め過ぎるというのでなく、相手に対し純粋に素晴らしいという気持ちを素直に吐露し、その人の何が実際素晴らしく感じられ褒めているのかを明確に述べれば、それで良いのだろうと思います。そしてまたその理由は、例えば学業成績の向上が見られたからといったことも勿論その一つでありましょうが、そうした類よりももっと大事なのは、人間としての生き方あるいは人格形成に関わる事柄で褒めるべきを大いに褒めてやるべきです。米国初代大統領のジョージ・ワシントン（一七三二年―九九年）には、彼が子供の時桜の木を切ったことを父親に正直に話したら、かえって褒められたという挿話（ワシントンの斧＝George Washington's axe）もあります。こうしたワシントンのような行為を立派だと褒めるべきであって、褒めるという行為に学業成績云々を結び付けたりするのは、あまり良いことではないでしょう。

7 人の使い方

江戸初期の天才官僚・松平信綱は「天下の仕置《しおき》（統治・管理・処罰）は重箱を摺子木《すりこぎ》にて洗ふ様なる善しと。摺子木にては隅々までは洗へず、隅々まで能く為さんと思へば悪《あ》しゝと」述べたと言われていますが、やはり組織というのは上が枝葉末節にまで関与するとなると、かえって治まり難くなるものです。

昔から人の使い方として、「使用（単に使うこと）」「任用（任せて用いること）」「信用（信じて任せて用いること）」とあるわけで、任せて用いた以上ぐちゃぐちゃと言うべきではありませんし、信じて任せて用いた以上なおさら細かいことを言うべきではありません。そして任せて用いた後は、任せた結果を見てどう判断するかということ、つまり「人を見損なったなぁ」と思うのか「良い人を選んだなぁ」と思うのかという話であって結局は自分の選択の眼の問題だと言えるでしょう。

安岡正篤先生も『東洋宰相学』の中で、「リーダーとなるべき者が読んで実行すべきもの」として佐藤一斎の『重職心得箇条』を提示されているように、上には上の役目というものがあるわけです。

では、いかなる仕事を経営者や役員等の重職がせねばならないかというと、例えば企業で言えば、「これから十年・二十年、いかなる舵取りをしていくのか」とか「この激変する世の中でどのように生き残っていくのか」といったこと、あるいは「自分が営んでいる業をいかにして変化に対応させていくのか」といった戦略を練っていくということです。細かなことを部下に任せられない場合、トップはそうした大きな戦略を描く時間がなくなることになります。自分の本来の職責を限られた時間内にいかに効率的に果たすかという観点からも、任せて用いるということが非常に大事なポイントなのだと思います。

『重職心得箇条』（要約）

一、小事に区々たらず、大事に抜目なし。重職の重たる字は肝要なり。

二、大度を以て寛容せよ。己に意あるもさしたる害無き時は他の意を用うべし。

三、祖先の法は重宝するも、慣習は時世によって変易して可なり。

四、自案無しに先例より入るは当今の通病《つうへい》なり。ただし先例も時宜に叶えば可なり。

五、機に従がうべし。

六、活眼にて視るべし。物事の内に入りては澄み見えず。

七、苛察《かさつ》は威厳ならず。人情を知るべし。

八、度量の大たること肝要なり。人を任用できぬが故に多事となる。

九、刑賞与奪の権は大事の儀なりて軽々しくせぬ事。

十、大小軽重の弁を失うべからず。時宜を知るべし。

十一、人を容るる気象と物を蓄る器量こそが大臣の体なり。

十二、貫徹すべき事と転化すべき事の視察あるべし。これ無くば我意《がい》の弊を免れ難し。

十三、信義の事、よくよく吟味あるべし。

十四、自然の顕れたるままにせよ。手数を省く事肝要なり。

十五、風儀は上より起こるものにして上下の風は一なり。

十六、打ち出してよきを隠すは悪し。物事を隠す風儀とならん。

十七、人君の初政は春の如し。人心新たに歓を発すべし。財務窮すも厳のみにては不可なり。

8 リーダーは育てられるか？

管理職の育成について調べてみますと、「伸び悩む管理職の育て方」といった様々なHow to物が出版されているようです。しかし私はこうした本は殆ど役に立たないのではないかと思っています。結局はリーダーになるような人は育てるというのでなく、やはり自ら育つのだと思います。自らが自分の使命を知り、自らを自分で築き上げねばなりません。自らを築くのは、自分以外にはないのです。故に先ずは「自得《じとく》（本当の自分、絶対的な自己を摑む）」から出発し、「自分にはいかなる天賦《てんぷ》の能力が与えられ、どういう能力が欠けているのか」と己自身を知らねばなりません。自分を知れば自ずと自身の足らないところを補うべく、どういった人を周りに引き寄せたら良いか、あるいは引き寄せるため自分自身がどうあらねばならないか、となるわけです。

孟子は、どのようにして人が天子になるのかについて、「天授け、人与う」という言葉を残しています。皇帝のポジションも社長のポジションも部長のポジションも、どれも同じです。天が天命という形で授け人民が与うという形で、人は天子になる、指導者になると言っているのです。自分で天子になりたい、指導者になりたいと思っても、必ずしもなれるものではありません。さらに孟子は「人与うを忘れると、その民を失う。その民を失う者は、その心を失えばなり」という言葉を続けています。なぜ民を失うのかといえば、民の心を失うからです。民の心とは、言い換えれば「人望」ということです。人望の源は、言うまでもなく人徳です。人徳のない人には、人はそのようなポジションを与えないのです。仮に人徳のない人が指導者の地位に就いたとしても、すぐに組織は機能しなくなります。人徳がなければ指導者になりたいと思ってもなれず、仮に指導者になっても人徳がなければ退かなければならなくなります。そうしなければ、組織が持たなくなるのです。

こうして考えると、リーダーにとって最も重要なことは、次のリーダーを選ぶ眼力です。天賦の才、人望そして自分を磨こうと努力し続ける姿勢等があるのかどうかが選択のポイントでしょう。自分自身を磨かずしてリーダーになる資格はないことだけは確かです。

9 中国古典から見る人物の見極め方

「六験八観《ろくけんはちかん》」（八観六験とも言う）というのは秦の呂不韋が食客を集めて共同編纂させた『呂氏春秋《りょししゅんじゅう》』という書物に「人間観察、人間鑑定の武器」として書かれており、熟読玩味する価値のあるものと思いますので、次に紹介しておきます。

【六験】

①之を喜ばしめて、もってその守を験《ため》す→喜ばせて、節操の有無をはかる
②之を楽しましめて、もってその僻を験す→楽しませて、偏った性癖をはかる
③之を怒らしめて、もってその節を験す→怒らせて、節度の有無をはかる
④之を懼《おそ》れしめて、もってその特（独）を験す→恐れさせて、自主性の有無をはかる
⑤之を哀しましめて、もってその人を験す→悲しませて、人格をはかる

⑥之を苦しましめて、もってその志を験す→苦しませて、志を放棄するかどうかをはかる

【八観】

①貴《たか》ければ、その進むる所を観る→出世したら、どんな人間と交わるかを観る
②富めば、その養う所を観る→豊かになったら、どんな人間を養うかを観る
③聴けば、その行う所を観る→善いことを聞いたら、それを実行するかどうかを観る
④習えば、その言う所を観る→習熟したら、発言を観る
⑤止《いた》れば、その好む所を観る→一人前になったら、何を好むかを観る
⑥窮すれば、その受けざる所を観る→貧乏になったら、何を受け取らないかを観る
⑦賤《せん》なれば、その為さざる所を観る→落ちぶれたら、何をしないかを観る
⑧通ずれば、その礼する所を観る→昇進したら、お礼を仕事で返すかどうかを観る

人物評価については中国明代の著名な思想家である呂新吾の『呻吟語』の中に次のような内容があります。

呂新吾が何を述べているかと言えば、先ずは「大事難事に擔當《たんとう》を看る」ということです。即ち、事が起これればその担当官の問題への対応能力を見るということ、そしてそれに併せて、仮にそのような事において自分自身はどのように処するのかということを常に主体的に考えるということです。

次に「逆境順境に襟度《きんど》を看る」ということ、即ち襟度の「襟」というのは「心」を指しており「度量の深さを見る」ということであります。世の中というものは万物全て平衡の理に従って動いており、良い時が来れば悪い時も必ず来るわけで、そのような時に襟度を見ると言っています。

更には「臨喜臨怒に涵養《かんよう》を看る」とあり、「臨喜」というのは喜びに臨んだ時に恬淡としているか、「臨怒」というのは怒りに臨んだ時に悠揚としているかといったところに涵養を見ると述べているわけです。

そして最後に「群行群止に識見を看る」ということ、つまりは大勢の人（群行群止）の中で人を見るというように書かれています。その人が大勢の中で大衆的愚昧《ぐまい》を同じようにしているのか、それとも識見ある言動をとっているのかということを見る中で人を見抜いていくということです。

また、『論語』の「為政第二の十」で、孔子は人を見抜く基本的な方法として「視・観・察」の三つを挙げています。

書き下し文：子曰く、其の以《な》す所を視、其の由《よ》る所を観、其の安《あん》ずる所を察すれば、人焉《いずく》んぞ廋《かく》さんや、人焉んぞ廋さんや。

現代語訳：孔子がおっしゃった。人の一挙一動を見て、これまでの行為を詳しく観察し、その行為の動機が何なのか分析する。そして、その人の安んずるところ、つまり、どんな目的を達すれば満足するのかを察する。そうすればその人の本性は隠しおおせられるだろうか？決して隠しおおせないものなのだよ。

孔子は、その人が一体いかなる動機でもっていかなる行為をし、そしてどういうふうにその目的が達成され、その時にその人はどうしているのか、といったことを見れば、その人物が見極められると言われているのです。

このように人物の見極め方としては色々ありますが、私には恒の心がどうなのかの一点こそが急所であると思え、この恒心を維持できる人が君子であると考えています。つまり、六験のように「喜ばせて、楽しませて、怒らせて、恐れさせて、悲しませて、苦しませて」何を見るのかと言えば、その全てはその人物が恒常心をどれだけ保ち得るかということです。更に八観が示すように「出世したら、豊かになったら、善いことを聞いたら、習熟したら、一人前になったら、貧乏になったら、落ちぶれたら、昇進したら」いかに人間が変わるのかというのも、やはり環境変化においても恒の心、「恒心（常に定まったぶれない正しい心）」があるのかどうかを見れば良いのです。

10 怒るべきタイミングで、怒るべき内容を、適切な怒り方で怒る

世代間ギャップということは、あらゆる面においてよく指摘される問題です。叱るということを例に考えますと、怒る人が年を取っていて、怒られる人が若いというケースが多いのだろうと思いますが、その時に世代間で受ける感覚がずれているというわけです。怒った結果として良いように働かず、寧ろマイナスに働くということであれば、怒ってみても仕方がないのかもしれませんし、怒っている理由が怒られている方に理解されていないから、そういうことが起こるのかもしれません。

他方、怒る方にしても取るに足りない事柄で叱っているのか、あるいは八つ当たりしているのかといった要素もあるのかもしれませんが、本当に意味があって叱るべきを叱っているのであれば、世代間の受け止め方の差はさほどないと私は思います。即ち、怒るべきタイミングで怒るべき内容を適切な方法で怒ったら、世代間の感覚の相違というものは本質的な問題にはならないということであって、人間性というのはそ

れほど簡単に変わるものではありません。

要するに、怒る内容そのものについて明確な理由がきちっとあるのであれば、そうした感覚のずれをあまり意識する必要もないと思いますし、そしてまた、世代間ギャップ故に敢えて叱るべきを叱らずに我慢すべきかと言えば、私はそうは思いません。

例えば、非常に穏やかな人物であったと想像できる孔子ですら宰予という弟子が昼寝をしているのを見て、「朽木《きゅうぼく》は雕《ほ》るべからず、糞土の牆《しょう》は杇《ぬ》るべからず。予に於いて何ぞ誅《せ》めん……腐った木に彫刻はできない。汚れた土塀は塗りかえできない。おまえのようなやる気のない怠け者は叱る価値すらない」と、殆ど罵倒といっても良いぐらいの激しい言葉で叱責していたのです。

一方で、世代間で多少の違いが出てくるとすれば、それは怒る内容ではなく怒り方についてであって、先ず一つは千種万様な人間というものをある程度見極めて、そのタイプに応じて怒り方は考えるべきだということです。叱られている人間の性癖を全く考慮せず、単に怒鳴ってばかりで怒り方を考えないというようではいけないと思います。

また例えば、昔であればぶん殴っていたという怒り方は現代的にはもっての外だと皆が思っている中、そういう怒り方が許されるはずもないわけです。どこやらの柔道部のように無期限活動停止というようなことにもなりかねず、やはりこれも駄目でしょう。嘗ては教師が生徒にびんたをくらわすぐらい、極当たり前のこととして社会通念として認められていたことで、そういう教育の仕方を是としていた時代もあったわけです。今や暴力教師だとＰＴＡが騒ぎ立てることも現にあるような時代ですから、当然その部分については世代間の相違があるということでしょう。従って、そうした違いがあるにも拘らず、昔のやり方で同じように怒っていたのではまた社会問題化されるだけですが、かと言って叱るべきをまるで叱らずにいて良いというものでは勿論ないわけで、寧ろいかなる方法で怒るべきを怒るかということを考えていかねばなりません。

11 長所を伸ばすべきか、短所を直すべきか

人材教育の在り方として『論語』の「顔淵第十二の十六」にある「君子は人の美を成す。人の悪を成さず。小人《しょうじん》は是れに反す（君子は人の長所を見つけて、一緒になってそれを伸ばすのを助けてやる。それによって悪いところは目立たなくさせてやる。小人はこれと正反対である）」という言葉があります。教える人はそこまでして初めて教えを完結する、つまり教え育てることになるのだというふうに教育というものを捉えるべきですが、「悪いところ」そのものに対する処し方ということでは、いかに考えるべきでしょうか。

「短所があるなら短所を直そう！」という教育の仕方をする人が大勢かと思われますが、中には前述した君子のようなやり方が寧ろ正しいと考える人もいて、どちらが良いのかは対象者の性質に拠るところも多くあるように思います。

私見を述べるならば、この長所を伸ばすことにより短所が消えてなくなるかあるい

は抑えられていくといった形で、短所に変化を及ぼすということは間違いないと思います。ですから、長所をできるだけ伸ばすという教育方法が基本的には正しいのだろうと考えています。

例えば、親が子供に対してあるいは先生が生徒に対して、毎日のように「あれが悪い」「これが悪い」と朝から晩まで短所を責め立ててみて、彼らの短所が直っていくという経験をした人は果たしてどれだけおられるのでしょうか。結局短所にしても誰が直すのかといえば、自分でその短所に気付き自ら反省をし、そして自分自身が改めていく以外ないのであって、人間とは自らの意思で自らを鍛え創り上げていく「自修《じしゅう》の人」なのです。それがもし正しいとするならば、自らが自らをより良く創り上げ築いていくべく、己を変えようとしない人に対して、その短所をどれだけ指摘し続けたとしても、そこに良い変化は起こらないでしょう。

他方、毎日のように「あれは凄く良かったね」「これは素晴らしいね」と誰かを褒めるという場合、褒められた人は皆良い気持ちがするでしょうし、もっと努力していこうと思うはずです。だからこそ、君子は「人の美を成す」として長所を伸ばすのを助けてやり、一緒になってそれを磨いてやろうとするわけで、そうすることでその人自身がそれを磨いていくようになるのです。

例えば、ノーベル賞受賞者にしても京都賞受賞者にしても、そういう人の殆どは一芸に秀でた人でありますが、彼らの話を聞く限りにおいて、彼らは全てに通ずる人間力を持っていると思います。勿論、その人たちには素晴らしい天賦の才もあったのだとは思いますが、皆それぞれがひたすら一道に打ち込み、それだけの努力を積み重ねてきたからこそ一芸に秀でたのであって、やはりそうした努力や人知れぬ苦労によって人間が練れていき、結果として短所というのが自然と隠れていったのでしょう。

数学者として一芸に秀でていた岡潔先生などを例に見ても、関心を持たれていた仏教や教育といった全く違う分野において、晩年様々な論文を書かれ、素晴らしいものを残されています。

更に言うと、例えば日本人として初めてノーベル賞を受賞された湯川秀樹氏にしても、評論や文章等を色々見ますと、物理学者でありながら素晴らしいものを残されているわけで、一道において苦労をし知恵を絞るということをした人は、やはり他のことにおいてもだんだんと磨かれていくのだと思います。即ち、そういう魂の修練なしに人間というのは一芸に秀でるはずもないわけで、そういう意味では「人の美」を追求し褒めてやりながら、それを徹底的に伸ばしていくという方が、結局はその人の短所が消えることにも繋がっていくのだろうと思います。

12 好き嫌いで人を判断しない

　私自身は、できる限り人を好き嫌いで見ないことにしています。好き嫌いは全く関係なしに、先ずそれぞれが自らを尊ぶ、つまり自尊の人となり、今度は自尊の人同士が人間として互いに尊重し合う、つまり互尊のお付き合いができれば良いと思います。勿論、私自身も嫌いな人はいるにはいますが、仕事上は好き嫌いなど一切入れず適材適所を考えることに徹しています。仕事の世界では、どれだけ生理的に受け付けない人であっても、決してそれを持ち込むことなく極めて冷静にロジカルに、そして客観的に判断や評価をしていかねばなりません。

　部下それぞれに対してその価値観が合うか否かで、好き嫌いはどうしても出てくるものです。しかし「部下を育てたい、育ってほしい」という気持ちがあれば、好き嫌いは後回しになるはずです。また経営効率を上げるためには、部下の能力をよく見て、適材適所に配置することが大切です。『論語』の中にも「其の人を使うに及《およ》びては、之を器にす……上手に能力を引き出して、適材適所で使う」（「子路第十三の二十五」）という孔子の言葉があります。この度量のある器量の大きい人は、部下を使うに当たって「之を器にす」べく心掛けているのです。

他方、若手のビジネスパーソンの側から見ますと、いわゆる小人の器の上司の下で働くとなれば、その上司は本来別であるべき好き嫌いの感情と人物や能力評価の区別ができないのですから、これは悲劇としか言いようがありません。どう客観的に考えても、「自分に非があるとは思えない」「このまま会社に居続けても芽が出るとは思えない」「あの尊敬できない上司と一緒に働いても、心身ともに疲弊していくだけだ」等々と判断するなら、場合によっては辞めるのも一つの手だとは思います。

しかし、辞する前に考えるべきことが幾つかあります。

第一に、そうした場合、自分も上司を嫌いになり、美点凝視をしていないことを反省する。時として自分が変われば相手が変わることもあります。

第二に、その上司がいつまでも上司でいないかもしれない。会社には人事異動や転勤があるのですから。

第三に、上司を反面教師として見、そこから学ぶということもあります。

そして、最後に申し上げたいのは、そうした艱難辛苦を乗り越えることも人生には必要だということです。

第五章

働き方・仕事観

1　速くて雑な仕事、遅くて丁寧な仕事

仕事が「雑で速い人」と「丁寧で遅い人」とではどちらが良いかというと、私はそれは仕事の内容で判断されるべきことだと考えており、一概に雑で速い方が良いとか、あるいはその逆であるといったことは言えないと思っています。

例えば、危急《ききゅう》を要するような仕事について、取り敢えずは大雑把《おおざっぱ》なものさえあれば良いという形で仕事を与えたのであれば、これは兎に角スピードが要請されるわけですから、速さに加え丁寧さや精緻《せいち》さまで求めるのは、酷《こく》だと思います。従って、常に仕事を与える側としては、非常に概念的なことだけを大雑把に摑めば良いのか、はたまた精緻を極めた分析が必要なのかを明確にして仕事を与えるべきであり、そういうことを部下が弁えないまま仕事をしているのだとすれば、そもそもの問題は仕事を与える側にあるのだと思います。

私の仕事の与え方としては、直観的に頭の中に描かれたことを一応検証しておくと

いうのが一つあって、その検証作業においては往々にしてそれほど精緻なものは要求しません。即ち、自らが直観的に閃いた事柄で何か抜けている部分はないか、ミスしているところはないかといったチェックのために行っているわけで、あらゆるディシジョンメイキングにおいてスピードが要求されるこの時代においては、何も丁寧なだけが良いというものではありません。勿論、場合によっては丁寧にしてもらわねばならない仕事もあって、例えば日本のデパートで買い物をした場合、普通であれば袋へぱっと入れておしまいなものを綺麗に包装し、その上リボンまで掛けるといった具合で、見た目が非常に良く施されています。

これについて、一つは日本人の感性の表れなのだろうと思われ、外国人などはよく"It's neat."と言ってそうしたことを評価したりもするわけですが、その一方で箱を開くだけでも面倒くさいと言えなくもありません。

また日本の伝統的なものづくりというのは、あらゆることに拘《こだわ》って極めて丁寧な仕事をしており、何センチ何ミリは当たり前で更にミリの何分の一までというぐらい、何であっても細部に拘って厳密に作られています。

他方、中国などでは日本では考えられないことがあります。例えば中国の工場新設のお祝いに駆けつけた時、ふっと壁を見たらあちらこちらに隙間が空いているとか、あるいは現場の作業員が休憩時に落としたジュースの缶が、コンクリートと一緒に交ざっているといったこともありました。また、中国で新しく高層ビルが建てられたということでお祝いの花火が上がった時、壁が発砲スチロールでできていたことから、花火が壁に当たってでき上がったビルが燃えてしまったという笑い話にもならないような話もありますが、日本人の国民性としてそうしたことは有り得ないことでしょう。

こんなことが事実とすれば、これから中国で日本企業がビルを新築するという場合に、中国人は何を使っているか分かりませんから、壁材も床材も日本で作ったものを持っていくとか、あるいは現地で日本人がきちっと作ったものをそのまま建設現場に持っていく、というふうにせねば大変なリスクを負うことになるわけです。

縫製一つを見ても、中国製は随分雑に作られていてすぐにボタンが取れるといったことが頻発する一方、日本のものにあってはそういうことは勿論なく、だからこそ日本製品に対する信頼度というものが世界的に高いのだろうと思います。日本人というのは、それぐらいきちっと物事をやるのですが、かと言って別に大変な時間を要するというわけでもなく、その物事をいかなる順序でやればより速く進むかとか、どうすれば手際よくできるかということを伝統的に思考し、ある意味一つの民族性とも言えるものにしてきたということです。

話を最初の話題に戻しますと、仕事を進めていく上では、やはり様々なタイプの人間を用いていかねばならず、上記で言うと雑で速い人も丁寧で遅い人も共にある意味必要になるわけで、仕事を与える側としては、仕事によって両タイプのうちで適した方に振り分けていく、ということが大事なのではないかと思っています。

2 平凡なことを完璧にやり続ける

胆力を養う上では様々な艱難辛苦、喜怒哀楽を経験するというのが一番ですが、補足的には精神の糧となるような書物を味読することが大事です。そして、味読した後には必ず日々行動で実践し、知行合一的な修養を積むことで自己人物を練っていく。そういう中で、腹というものができ上がってくるのだと思います。与えられた事柄を淡々とこなしていく以外、人間として成長する方法は恐らくないのだろうと思います。例えそれが「平凡なこと」であったとしても、決して物事を軽く見ずに常に一所懸命完璧を求める。いかなる仕事であっても誠心誠意努力し、きちっとそれに打ち込んでいく。こうした姿勢を持たずして、人間として成長していかないのは間違いないことでしょう。

前記の姿勢を前提に次の課題は自分のしている仕事の意義を知り、その大きさを分かることです。自分の所属している部署にとって、会社にとって、あるいは社会にとって、自分の仕事の意義を本当に理解するということです。そして仮にその意義が分かったならば、より効率的に完璧にこなすにはどうしたら良いか、できるだけ品質の高い商品・サービスを提供するにはいかなる方法があるか、更にはそうした類をもっと超えてイノベーションを起こしていくことは本当に不可能か、といったところまでどんどんと考えを膨らませながら、その意義を最善の形で具現化すべく一所懸命全力投球していくのが大事だと思います。

3 「志」と「憤」が人間成長の原動力

真面目ということの真の意味は、自分の「真の面目」を発揮することであります。我々が自分の真の面目を発揮しようとしたらば、何よりも先ず「全力的な生活」に入らねばなりません。「全力的な生活」をしているか否かが、真面目というものの最も本質的な要素なのです。そしてそういう生活に入るに当たっては、力の多少が問題でなく根本の決心や覚悟が問題であって、その上に時間をうまく使い、無駄をしないことが大切となるのです。

「親が死に瀕していても行くな、親の葬式にも行くな、お前のやることは道を究めることだけだ」とは、曹洞宗《そうとうしゅう》の開祖・道元《どうげん》禅師（一二〇〇―五三年）の言葉です。そう厳しく言われるぐらい、時間は惜しまねばならないものです。とりわけ五十歳を過ぎて後、そういう気持ちを強く持つべきだと私は思っています。ただし、この時間の問題も結局根本の決心覚悟いかんで決まるわけですから、人生に関する全てはその根本に不退転の決意を有するかどうかということだと思います。

「発心」「決心」「相続心」という言葉があります。何らか事をなそうと志す時、発心・決心までは誰でもできます。しかしながら何年、何十年とそれを倦まず弛《たゆ》まず主体的に持続することは並大抵ではありません。そこに仏教で言われる相続心というものが、最も大事になるのです。これがないがために志が頓挫してしまうわけです。いったん決心した事柄を最後までやり遂げるとは、斯くも難しいことなのです。

仕事をやり遂げ結果を出すに絶対欠かせぬものを一つ挙げよと言われたら、私は「憤」の一字を挙げたいと思います。なぜなら、「何するものぞ」という負けじ魂が出てこなければ、本物にはなれないのです。そういう意味で私は、人間的成長の原動力の第一は憤であると思っています。ところが昨今の若い人たちを見ていますと、胸中に憤が湧き起こる前に諦めてしまうケースが多いように感じられます。発心し決心することはできるものの、憤がないため簡単に初心を忘れてしまうというわけです。言うなれば「喉元《のどもと》過ぎれば熱さを忘れる……苦しい経験も、過ぎ去ってしまえばその苦しさを忘れてしまう。また、苦しい時に助けてもらっても、楽になってしまえばその恩義を忘れてしまう」が如くです。この繰り返しでは仕事ができるようになれるはずもありません。言行不一致に陥らぬよう、胸に憤の一字をしっかり抱き相続心を得るのです。一度やると決したことは、苦しくとも必死で頑張り抜く姿勢が大切だということです。

これは、志がどれほどしっかりしているかと換言することもできましょう。志がなければ、事業の成功も人間としての完成も期待できません。「有志《ゆうし》竟成《きょうせい》：志ある者は事竟《ことつい》に成る」(『後漢書』)と光武帝も言うように、高い志を持ち、憤の気持ちで頑張ることが人間の成長に繋がるのです。

4 志のある人、志のない人

しばしば混同されがちですが、志と野心は全く違ったものです。製薬メーカーの研究者であれば、「新薬を開発することで多くの患者さんの命を助けたい」というのが前者を指し、「この薬を開発することで社内で評価を得、しかるべきポジションを得たい」というのが後者を指します。野心は己の幸福や自己満足で終わるもので、一代で完結してしまい受け継ぐ者は出てきません。対して、志は広く社会と繋がりを持って自分の死後も、同じ志を共有する者に引き継がれていくものです。

曹洞宗の開祖・道元禅師は、「志のある人は、人間は必ず死ぬということを知っている。志のない人は、人間が必ず死ぬということを本当の意味で知らない」と言われています。この両者は、その志をいかにして次代に引き継ぐかを考えながら生きているか、あるいは全くそういったことに思いを致さないで生きているかが、その分岐点となるものです。

一言でこれは死生観の問題であって真に志ある人とは、人間死すべき存在であるが故に生を大事にせねばならず、生ある間に後に続く人々への遺産を残していかねばならないことを知っている人を言うのでしょう。そして、その遺産とは物的なものでなく「志念の共有」ということであって、それが分かっているかどうかで志ある人か否かが決まると道元禅師は言われているのだろうと思います。遺産と言っても、何も歴史的に名を残すような事業をしたり、大政治家になったりすることではありません。自分がしっかりとした人生修養をしていく中で学び得たものを活かし、何か世のため人のためになることをなし遂げ、次代に引き継げるようになれば、それで良いのです。

私は齢六十五まで、ただただ修養しようという気持ちをずっと持ち続け、今日までやってきました。これからも人間学を探求し続けて、私心や我欲のため曇りがちな自分の明徳を明らかにするように尽力していこうと思います。そして何事があっても「天を恨まず、人を咎《とが》めず」の気持ちで、全ての責任を自分に帰着させていくしかないと思っています。

自分を高めるための時間を惜しみ、努力を厭《いと》っているようでは、この世に何も残せはしません。結局その折角与えられた命は、ただ一代で果てていくのみです。

5　目標設定の在り方

目標設定について様々な方法が言われていますが、私自身は「形」と「名」が同じになるという韓非流のやり方が一番良いと思っています。即ち、「形（実績）」と「名（目標）」が同じになる「形名参同」の目標設定であって、目標があまりに低過ぎる場合、知恵など出さなくとも簡単に超えてしまい目標として意味をなしません。

人間ギリギリの時にこそ様々な知恵が出てくるものであり、あらゆる知恵と工夫を振り絞って必死になって努力した結果、何とかギリギリで達成できるという目標がベストです。必死に努力しても全く超えられないというものでも駄目だということです。

そして更に大事なことは、ギリギリに設定した目標を超えた時に自信が生まれるということです。この自信というものは非常に大切なものだと思います。一度自信がついたならばそれを失うことはなく、「あのことがやれた！」という思いはより大きな目標を達成していく原動力になっていくものです。

日米通算四千本安打を達成したイチロー選手なども「〝目標〟って高くしすぎると絶対にダメなんですよね。必死に頑張っても、その目標に届かなければどうなりますか？　諦めたり、挫折感を味わうでしょう。それは、目標の設定ミスなんです。頑張れば何とか手が届くところに目標を設定すればずっと諦めないでいられる。そういう設定の仕方が一番大事だと僕は思います」と述べています。イチロー選手に限らず世に偉人と言われる人たちは、そうやって目標を設定し挑戦し続ける中で、次第に誰も見たことのない高みへと到達したのではないでしょうか。

6　好きな仕事、嫌いな仕事

いかんともし難い理由で嫌いな仕事をし続けねばならない場合、それをどう考えれば良いのかということがありますが、これはなかなか難しい問いです。

『論語』の「雍也第六の二十」には、「これを知る者はこれを好む者に如かず。これを好む者はこれを楽しむ者に如かず……ただ知っているだけの人はそれを好む人に及ばず、ただ好むだけの人はそれを楽しんでいる人に及ばない」という言葉があります。即ち、好きだったら良いかというとそういうものでもなく、楽しむということが働き甲斐や生き甲斐を感じるといったことに繋がり、ある意味人生の最高の境地とも言い得るものだと『論語』には書いてあります。

あるいは「好きこそ物の上手なれ」という言葉もありますが、自分として好きで上手なことと楽しんで下手なことどちらが良いのかといった時、仮に下手であったとしても楽しめたらそれで良い、という価値観を有する人も結構いるような気がします。

従って、そういう意味では人それぞれの価値観の問題であると一面言えるのかもしれません。他方この世のあらゆる事柄を好き嫌いで判断していたらどうなるのかと思われて、是非皆さんに聞いてみたいのは「日々の仕事のうち、好きだと言えるものは一体何割を占めていますか?」ということです。

仮にその大半が嫌いであったとしても、すぐにその職を辞すというわけにはいかないのですから、やはり自らの仕事に対しては、透徹した使命感・責任感といったものを持ち、好き嫌い関係なくやり通さねばなりません。これに関しては、戦争ということを例に考えれば一番はっきりしているかと思います。戦地で危うい所に身を置きたいと思う人は誰もいません。誰一人として特攻隊のパイロットになりたいとも思わないでしょう。しかしそれが嫌であったとしても、祖国のため同朋のためやらねばならぬと言って、多くの人が戦地に行き、その尊い命を落としました。これをいかに考えるのかということです。

つまり私が何を言いたいのかといえば、好き嫌いで物事を考えられるのは自分に関して非常に狭い範囲に限られた事柄のみであり、この現実の社会生活の殆どにおいては実はそういうものではありません。

7 礼に過ぎれば諂いとなる

「上司のことを思いやる」「お客様のことを思いやる」といったように、細かな神経を使って配慮するという丁寧な姿勢がなければ、仕事においてもなかなかうまくはいかないでしょう。この丁寧さの有無というのは、イコール思いやりの心、即ち「仁」の心を持っているか否かによるものですが、そうした細かな配慮ができるかどうかを見れば、その人が仕事ができるか否かも判断できると言って過言ではありません。

もっとも、いつも丁寧な姿勢で仕事ができる人間というのは、上記した仁の心を十分に持った人間であることが多いのですが、同時に表面上丁寧ではあるものの褒め殺しと同じような類で慇懃無礼《いんぎんぶれい》ということも一方であって、常にそう言い切れるというわけでもありません。

『論語』の「公冶長第五の二十五」にも「巧言、令色、足恭なるは、左丘明これを恥ず、丘も亦これを恥ず……美辞麗句を並べ立てたり、過度にへりくだった態度を左丘明は恥じたが、私も恥じる」とあるように、孔子は『論語』の至るところで、君子は「礼」を尽くすこと・慎み深く丁重であることが大切だと述べているのですが、同時にそれは行き過ぎたら「足恭」になり恥ずかしいことだと言うのです。

この「過ぎたるは猶及ばざるがごとし」（「先進第十一の十六」）というのは『論語』のあらゆるところに表れていて、例えば穏やかに和気藹藹《あいあい》とした雰囲気で皆が仲良く仕事をしている組織は一見良さそうに思うかもしれませんが、そこには秩序やけじめというものがなく物事はなかなかうまくはいきません。『論語』の「学而《がくじ》第一の十二」に「和を知りて和すれども礼を以てこれを節せざれば、亦行わるべからず」とあるように、「和」がいかなるものかを知り、実際「和」している中であっても、部長がいて次長がいて課長がいるわけですから、「礼」によりどこかにきちっとした「節」・けじめがなくては何事もうまくはいかないのです。

これも中庸の考え方に根差したものと言えましょうが、右記に関しても同様に丁寧だと言ってみても足恭になってはいけないのであって、そしてまたそれは、中庸のバランスが取れた丁寧さでなければ駄目だということです。「恭にして礼なければ則ち労す……丁寧なだけで礼がなければ徒労に終わる」（「泰伯第八の二」）とか、「礼に過ぎれば諂いとなる」（「伊達政宗五常訓」）とも言われるように、何事につけバランスが必要でありバランスの中から調和が生まれてくるのです。

8 省みて省く

アキュセラ社CEOの窪田良《くぼたりょう》さんは、「化合物を調べていく時には、社員はみんな不安だからあれも調べたい、これも調べたいって思うんです。（中略）だから、『もういい。この道で行く』と私が言い切った。（中略）捨てる勇気を持って、全社員を一つのベクトルに揃えていくことが大事だと思います」と述べています。

モンゴル帝国初期の官僚である耶律楚材《やりつそざい》も「一利を興すは一害を除くにしかず。一事を生《ふ》やすは一事を減らすにしかず」と言うように、この捨てるとか省《はぶ》くということは何でもかんでも付け加えることよりも大事にしなければならないのであって、私は経営者としていつもこれを頭に入れています。

我々は絶えず問題を省み、そして省くことの意味を噛み締めていかねばならないわけですが、それは害となる恐れのあるものを減らしていくということかもしれませんし、またいかにすれば他のものが増えるかという観点から何かを減じた方が良いということかもしれません。

人間が一度にできることは限られており、だからこそ昔から「二兎《にと》を追う者は一兎《いっと》をも得ず……If you chase two rabbits, you will lose them both.」という西洋の諺があったり、あるいは『列子』にも「大道は多岐《たき》なるを以って羊を亡《うしな》う……大きな道には分かれ道が多い。だから逃げた羊の姿を見失ってしまう」という言葉があるわけです。つまり、省く・捨てる・消すといったことがちゃんとできないと多岐亡羊《たきぼうよう》（方針が多過ぎて、どれを取るべきかに迷うことの例え）となって本質を見失い、結局どこに向かって何をしているか分からないようになってしまいがちです。それ故一定の期間内に何が本当に良いものかを取捨選択する必要が出てきます。

この「選択と集中」を世に広めた経営者として米ＧＥ社元会長のジャック・ウェルチという人がいますが、彼がそうできたのはそれだけ広大かつ多様な事業ポートフォリオを有していたからであり、同時に業界のＮｏ．１やＮｏ．２を多数つくり上げてきたからこそ言える話でもあるわけです。

9 ジェネラリストとスペシャリスト

ジェネラリストとスペシャリストということで言えば、人間というのは一芸に秀で一道を極めるべく大変な努力や人知れぬ苦労を重ねていく中で、他の事柄に対してもそれなりの判断力が養われていくのが普通だと思います。従って何の道でもそうですが、ある意味その道では当然スペシャリストである一方、その人の言を聞いていると、他分野でも大変参考になるというケースも多くあると思われ、私は基本ジェネラリスト・スペシャリストということで区別しない方が良いのではないかと思います。

私はこれまでイチロー選手やジョン・ウー監督、あるいは郷《ごう》ひろみさん等を一芸に秀でられた方として私のブログでもご紹介したことがあります。ほかには天才棋士・羽生善治《はぶよしはる》さんの強さに感心しその著書全てを読んでいますが、仮に羽生さんがスペシャリストであるとして将棋に関してのみ言及しているのかと言えば、彼は将棋を題材にしながら人生の様々な事柄をその著書の中でも語っています。

　あるいは、歴代一位の連勝記録を持つ双葉山《ふたばやま》（第三十五代横綱）は安岡正篤先生に傾倒していたそうですが、彼は当時前頭四枚目の安藝ノ海《あきのうみ》（第三十七代横綱）に敗れ連勝記録が六十九勝でストップした時、洋行中であった安岡先生に「われ未だ木鶏《もっけい》たりえず」と打電したと言われます。相撲道という道を極めようとし相撲の世界で達人になった双葉山は、やはりそれだけ人間としても心技体を徹底的に磨くべく、様々な書を読み色々な形で修養していたということでしょう。ですから「未だ木鶏たりえず」という言葉が適宜適切に出てくるのだと思います。ちなみに安岡先生は、横綱になる前の大変人気が出てきた頃の双葉山に『荘子』外篇達生や『列子』黄帝に出てくる「木鶏」の話をしたことがあったそうです。

　最後にもう一方《ひとかた》、松下幸之助さんは「経営の神様」とも称される人でありますが、経営というのは技術もあれば管理もあり、その管理の中には経理もあれば財務もある、といった具合に様々な要素で構成されるものを纏めて経営と言います。これに関し何をもってスペシャリストとし何をもってジェネラリストとするのかは非常に不明瞭な話であって、故にジェネラリストだとかスペシャリストだとかはあまり拘らなくて良く、寧ろ私としては拘るべきでもないと思います。松下さんは、様々なスペシャリストやジェネラリストを適材適所に配置し、最高の組織を作り上げられたのです。

以上、人物を挙げながら具体的に述べてきましたが結局私が何を言いたいのかと言えば、一つの道にのめり込んでいき、いったんその世界でスペシャリストにでもなれば、今度はまた道が広がっていきますし周りがそれを広げずにはおかないわけで、何の道であれ兎に角やらねばならないのは、真剣にその道を極めようと必死になって努力をしていく、その一点だけだと思います。

10 素行自得ということ

組織の中では、「言われたこともできない人」「言われたことしかやらない人」「言われたこと以上の成果を出してくる人」「やらなくて良いことまでやってしまう人」等々と、様々なタイプの人間と仕事を進めていかねばなりません。この時、人を用いる側にも人に用いられる側にも大事なのは『中庸』にある言葉、「君子は其の位《くらい》に素《そ》して行い、其の外《ほか》を願わず……君子というものはその自らの立場・環境に応じて自らを尽くし、他の立場や環境を欲したりはしない」ということです。

要するに、分を知り分を超えることなく「其の位に素して行い」をなすということ、「自分の立脚地を超えて、物事はやってはいけない」「できるからといって、それを超えてやってはいけない」ということで、これが昔から東洋哲学の中で言われている「素行自得《そこうじとく》」の意味であります。そしてその与えられた範囲内で、あらゆる知恵を尽くして必死になって努力をし、それをやり抜いた時に新たなる仕事というもの、新たなる自分の位というものができ上がっていくのだろうと思います。

つまり、自分の与えられた立場すら十分完遂できない人間が、あちらこちらに首を突っ込むと碌なことはないということで、前記した通り「其の位に素して行う」というのは非常に大事だと思います。

11 若者の感性に学ぶべし

公益財団法人日本生産性本部は毎年、その年の新入社員の特徴や就職・採用環境の動向などについて調査研究を実施し、命名を行っており、二〇一五年入社組のタイプは「消せるボールペン型」としていました。曰く、「見かけはありきたりなボールペンだが、その機能は大きく異なっている。見かけだけで判断して、書き直しができる機能（変化に対応できる柔軟性）を活用しなければもったいない。ただ注意も必要。不用意に熱を入れる（熱血指導する）と、色（個性）が消えてしまったり、使い勝手の良さから酷使し過ぎると、インクが切れてしまう（離職してしまう）」とのことです。

新社会人に対する私の基本姿勢としては、右記タイプであろうが「自動ブレーキ型」（二〇一四年度）であろうが「ロボット掃除機型」（二〇一三年度）であろうが何型であろうが関係なく、先輩面したくないということがあります。今の若い人から我々のような世代が学ぶことも沢山ありますし、逆に我々のような世代から今の若い人が学ぶことも沢山あるわけで、異質な感性を有するであろう者同士が互いにそれぞれの大きく離れた世代から学べば良いのだと思います。

『論語』の「為政第二の十七」に、「これを知るをこれを知ると為し、知らざるを知らずと為せ。是れ知るなり……知っていることは知っていることとし、知らないことは知らないとする。これを知るという」という孔子の言葉があります。人は立場が上になればなるほど、部下の前で知らない事柄を素直に「知らない」と言うのが難しくなるものです。それは「うちの上司は、そんな知識もないのか」等と馬鹿にされるのが怖くなるからです。

そこで肝に銘じておきたいのが、やはり『論語』に出てくる「下問《かもん》を恥じず」（「公冶長第五の十五」）という孔子の言です。「下問を恥じず」とは「目下の者に質問することを恥じない」という意味で、部下に「知らない」と言うのが怖いという意識を夢にも持たないのが大事だということです。だから知らぬことは恥ずかしがらずに寧ろ、「なぜ君たちはそう思うの？」「なぜこれがこれからの時代に流行ると思うの？」「あなたたちはどうしてそういう判断をするの？」というふうに、その時その時で素直に若者に問い掛けて学ぶべきでありましょう。そして新入社員の側としても素直さ・謙虚さを常に有し、とりわけ技術の習得あるいはルーティーンの習得の類で、先ずは「学ぶは真似ぶ」で先輩諸氏より仕入れていけば良いでしょう。

商人の町であった大阪・船場《せんば》では、「年寄りは若い人、若い人は年寄りを友達にしなさい」と昔から言われてきました。若者は年長者の経験から学び、年長者は若者の感性から学ぶのが大切だということです。

12

善人はあるがままに

安岡正篤先生は、「元来悪人というものは、悪の特徴で積極的・攻撃的であり、よく団結します。それで悪い奴は一人でも、あいつは悪党だと言う。それくらい攻撃力・団結力が旺盛です」や、「善人には善党という語はありません。どうも善人は自分を省みるものですから、自然に引っ込み思案になり、傍観的・孤立的になって時機を失い、よたよたしているうちに、悪人の攻撃力と団結力に負けてしまいます」と述べておられます。実はこの「善人と悪人」に関する興味深い記述は、安岡先生のご著書『偉大なる対話―水雲問答』では上記に続けて「善人が負けた例は、日本ばかりでなく世界の諸国をみてもたくさんあります。その原因をこのように深く考えますと、善人は機敏性に欠け、意気地がありません。『論語』にも孔子は頻《しき》りにこの敏を説いて、言は訥《とつ》であってもよろしいが、行《おこない》は敏でなければならぬと教えております」と書かれています。

このように本書では善人のある種の問題点を指摘されているわけですが、ではそれを克服すべく善人が変わる必要があるかと考えてみるに、非常に難しいところではありますが、善人はあるがままで良いのではないかと私は思っています。と言いますのも、善人については見るからに簡単に騙されそうで、人が良さそうなイメージを多くの人が有しているかと思いますが、仮に善人が妙なふうに機敏に活動的になり、てきぱきと何かをやり出したとなれば、最早それは善人とは言えない雰囲気を醸し出すようなことになるのではと思われ、善人に見える人はそのままで良く、敢えて変える必要はないだろうと思うわけです。

前記したように『論語』の「里仁第四の二十四」には「君子は言に訥にして、行に敏ならんと欲す……君子は言葉がゆったりして慎み深くても、素早く実行しなくてはならない」という言葉があり、孔子は「行に敏」ということを結構色々なところで言っていますから、彼自身そういうふうに思っていた部分は勿論あると思います。ただし、孔子というのはそれぞれの弟子に向けてそれぞれに合うことをカスタマイズして伝えていたわけで、上記に関してもいつも行いがぐずぐずしている弟子の一人に対しての言であり、必ずしも善人に対しての言ではないのだろうと思います。

例えば、『論語』の中に「吾《われ》回と言うこと終日、違《たが》わざること愚なるが如し。退きて其の私《し》を省《み》れば、亦以て発するに足れり。回や愚ならず」（「為政第二の九」）という孔子が高弟の顔回を評した面白い話で、即ち「顔回と一日中話をしていても、なんでも『はいはい、はいはい』と言うばかりで、いっさい反論しない。その様子はまるで愚か者のようだ。しかし、顔回の普段の様子を見ていると、私の言葉をしっかり守って実行している。そういうのを見ると、顔回は愚かじゃないな」という孔子の言葉があります。

あるいは、『論語』の「先進第十一の十八」に「柴《さい》や愚。参《しん》や魯。師や辟。由や喭《がん》」という言葉もありますが、一番弟子の顔回が生きていれば孔子を継ぐのは勿論顔回なのですが、顔回は孔子より先に死んだが故、結果として参（曾子）が孔子を継ぐことになりました。つまり孔子の言葉にある通り、最終的に孔子を継ぐことになる曾子は魯《ろ》であり少し愚鈍《のま》なのですが、鈍であるからこそ、それだけ毎年積み上げていく努力をして多くを身につけることができたのでしょう。結果として偉大なものを残していけば良いのであって、天才である必要もなければ鈍であっても全く構わないということだと思います。

そういう意味では、例えば共に英国の哲学者であるフランシス・ベーコンとジョン・スチュアート・ミルに関して、前者は天才で後者は天才ではなかったというふうにも言われますが、実際ミルはひょっとしたらベーコンを凌駕《りょうが》すると言っても過言でないような非常に素晴らしい業績を後世に残しました。やはり一番大事なのは「努力し続ける」ということだと私は考えています。

13 凡事を徹底する

「凡事徹底」「現場主義」「即断即決」で、業績不振の支店、債務超過寸前のグループ会社を立て直し、一兆円企業の組織改革と業績拡大をなし遂げられた大和ハウス工業代表取締役会長兼CEOの樋口武男さんは、「凡事を極める」ということを最重要視されておられます。樋口さんが常々言われている通り、基本的な事柄を徹底していることが、やがて「非凡な成果」に繋がっていくのです。成功は正に凡事を極める、ということで齎されるのではないかと私も思います。

何事でも非凡ばかりを狙うがあまり、凡事を疎かにしたり大きいことばかりを考えているのも問題です。物事は常に凡事を徹底するに始まり、二宮尊徳翁が説かれる「積小為大……小を積みて大と為す」という基本姿勢を貫かねばなりません。

時に誇大妄想的な自信過剰の人を見かけますが、言わずもがなでいきなり飛躍できるはずはないのです。そうした類の人たちに、次の言葉を贈ります。

ぐずぐず言っている暇に努力しなさい。
あなたのやるべきを先ずはやり上げなさい。
そしてあなたを信頼してくれる人を周りに多くつくりなさい。
結果、サポートしてくれる人が増えたらば、
そうした力のお蔭を蒙《こうむ》りあなたが飛躍できるのです。

第六章

経営に役立つ中国古典

1　人生を生きていく上で大事なこと

「人間とは何か」「人間いかに生くべきか」という私の長年の研究テーマから派生して、私の興味の対象はここ数年で更に広がってきており、前述したように様々な書物を読み、様々なフィールドに興味、関心を持つというようになっています。このことで良いこととは何かといえば、「師と友のネットワークが拡張していく」ということだと思っています。「師」とは教えてもらう先生のことで傾聴に値する立派なことを言っている人のこと、「友」とは同じフィールドに関心を持っているような人、あるいは同じようなことを考えている人のことで、この師と友のネットワークをどれだけ充実したものにしていけるのかが、仕事は勿論のこと、人生において極めて大事なことだと私は考えています。

現代ではインターネットの世界で師と友のネットワークをすぐに広げることができます。例えばTwitter《ツイッター》を利用すれば、見知らぬ人が次々とフォローしてくれますので、それにより師と友のネットワークを拡張していき、人生の成功に繋げていくことができるということです。不肖《ふしょう》私もtweet《ツイート》しており「いやー北尾さん、経営者がそのようなことに時間を費やしていて大丈夫なのですか」と言う人もいますが、凡そ経営というものは顧客、取引先といった人間集団に財やサービスを提供する事業を展開することですし、人間の組織をマネージすることですので、人間学が分からなくては経営などできるはずがありません。私も経営学の書物を結構読む方ですが、幾ら経営学の書物を読んでみても、それだけを読んでいても駄目だということです。もし経営学の書物だけを読んでいれば良いということならば、経営学者は皆大きな会社をゼロから立ち上げて隆々《りゅうりゅう》とさせているはずです。しかし、現実には誰一人としてそのような経営学者はいません。

「経営学を知っています」「経済学を知っています」ということは、凡そ指導者の条件とは全く関係がありません。やはり何千年もの歴史の篩に掛かった古典から直観的知恵、すなわち徳慧をどれだけ吸収できるのかが最も重要なことで、そこから出発して違う世界に広げていくことで、人間の幅と教養、一語で言えば人間力が一層できてくるということです。そして、そのことが企業経営に大いに役立つと信じています。

2　企業というもの

中国古典に「義利の辨《べん》」という言葉がありますが、孔子は「君子は義に喩《さと》り、小人は利に喩る（物事を処理するにあたって、君子の頭に先ず浮かぶのは、自分の行動が正義にかなっているかどうかということであり、小人の考えることは、先ず損得である）」と言われ、君子と小人を分ける一つの大事な点として挙げられています。

また、『菜根譚』の中に「徳は事業の基《もとい》なり。未だ基固《かた》からずして棟宇《とうう》の堅久《けんきゅう》なる者有らず（事業を発展させる基礎は徳であり、この基礎が不安定では建物が堅固であったことは存在しない）」とありますが、やはり基本的に事業というのは徳業でなければ長期的には存続し得ないと思います。一時的に利益が出て発展するようなケースもあるにはありますが、長い目で見れば社会のため・お客様のためになり続けられているもののみが、事業として継続発展することができると私は思います。

事業の持つ一つの大事な側面とは、単に利益だけを追求し役職員の儲けだけを考えるということではなく、その企業を取り巻くあらゆるステークホルダー（利害関係者）の利益を考慮せねばならないということです。ステークホルダーとは株主の皆様や従業員のみならず、お客様や取引先あるいは地域社会等々により構成されています。例えばあの東電福島原発事故について見ても、企業の存在というのは地域社会の恩恵を被ったり、逆に地域社会に大きな犠牲を強いることがあるわけです。

要するに経営者というのは、そうしたステークホルダー全ての利害調整を基本的には図っていかねばならず、その中で企業は私益と公益とのバランスを取りながら永続企業として存続していくべきものだと思います。従って、企業としての長期的な継続発展を期するのであれば、やはりその製品やサービスが短期的に売れるといったことではなく、それらが「時流に乗る」ということが非常に大事であろうと思います。

長い年月に亘って時流に乗り、多くのお客様に便益を与え続けるということなくして企業は伸びてはいかないわけです。企業というのは、真に徳業であり長期に亘り顧客に便益を与え続け、なおかつ企業を取り巻く様々なステークホルダーとの調和をなし、私益と公益のバランスを取っていかねばならない存在なのだと思います。

3 徒党を組むような人には気を付けよ

私は組織力を高める第一歩は、できる限り良い人材を選ぶところから始まると思います。そしてその人材を適材適所に配置し、組織全体をうまく運営していくのです。組織の運営と言っても、結局はその組織のメンバーがその役割においてうまく機能しているかどうかです。特に、徒党を組む人には注意しなくてはいけないと思います。いわゆる大企業病などはその典型ですが、社内に徒党を組む人が出てくると、例えば副社長が二人いたら、A副社長派とB副社長派に分かれて、どちらもが社長になろうと競うようになります。それによって社内が二つに割れて、社長になった派閥の人が一緒に昇進していくというようなケースが往々にしてあるのです。しかし、このように徒党を組むような人たち、あるいは付和雷同する人たちというのは、会社に弊害を齎すだけです。

孔子は「君子は周《しゅう》して比せず、小人は比して周せず」（「為政第二の十四」）と言っています。「周」というのは皆と仲良くすることで、「比」というのは偏るという意味です。ですから、君子は皆と仲良くしながら偏らない。つまり、徒党を組まないということなのです。

一方、小人は仲間内のことばかり気にして、意見を同じくする一部の人を贔屓《ひいき》して互いに傷を舐め合い、庇《かば》い合う。そういう世界がサラリーマン社会には生まれがちです。それが大企業病の原因にもなっていくのです。こういった組織を弱める力というものは、組織をつくる上では最初から排除するようにしていかなくてはいけません。

古代中国の有名な兵法書『六韜《りくとう》』の「守土」にも、「両葉不去、将用斧柯《ふか》：両葉去らざれば、将に斧柯を用んとす」とある通り、正に「双葉のうちに摘み取っておかねば大木となってから斧を用いなければならなくなる、つまり、災いは早いうちに処置しておかねば面倒なことになってしまう」ということです。一番手っ取り早いのは、そういう資質の人間を採用しないことですが、「採用しない」とは言うものの実際はこれがなかなか難しく、私も間違って採用してしまうということが時々あります。

組織の中には常に、初めのうちは猫を被っていてなかなか本性を見せないけれども、だんだんと権力を持たせたり高い地位に就かせたりすると、徒党を組む輩というのが結構いるのです。そして自分の気に入る人だけを重用していき、結局は組織にとって大変なマイナスを被らせるというわけで、孔子もこうした人を非常に嫌っていたのですが、やはり派閥をつくるといった輩に対して、我々は本当に気を付けなければなりません。

基本的にトップというのは、そうした事柄に目を配りながら事を運んでいかねばならないのです。ではトップは先ず何をよく見、どこで変化を捉えるかというと、やはり最も大事になるのは「ヒト、モノ、カネ」の三面の動きです。例えば経費を時々調べてみて、交際費や備品等が急激に増えたりしていないか、あるいはコーポレートカードなどを持たせた場合、その勝手な使用はないか等々と、費用項目の大きな変化があるかどうかを見、そして場合によっては金勘定をしていたのは誰かを特定するといった具合です。

あるいは、交通費などにしても勝手に自分用にハイヤーを呼んで使ってはいないかというふうに、権力を有していなかった時代にはしなかった悪事を、権力を持たせた途端に様々働く輩というのが、結構見受けられるのが現実です。

　私自身、部下については細心の注意を払って採用し、組織の中で「ヒト、モノ、カネ」の動きに関しても要所要所で見てはいますが、時に問題を見逃してしまったこともあります。そもそも人間というのは常に変化していく生き物で、時として信頼していた者がとんだ悪事を引き起こすこともあるのです。勿論、良いように変化する時もあります。ただ一つ言い得るのは結局悪いように変化していく人は、聖賢の書を読み聖賢の道に学ぶといった類を全くしていないということです。そして、自分自身を磨くということを怠り私利私欲の海の中につかりきって、権力欲・金銭欲・物欲等々と欲にまみれてしまうわけで、やはり徒党を組むような輩はよく見て注意していく必要があるでしょう。

4 自分の頭で考えよ

あるビジネス誌で、大企業の場合、部長も課長も皆、上を見て仕事をし、上から指示された仕事を鵜呑《うの》みにしてひたすらその範囲でやり遂げるということに、殆どのエネルギーを使ってしまうという指摘を読んだことがあります。そうした類の病があるとして、それが一体なぜ起こっているかと考えてみるに、記憶力を重視した英国社数理中心のペーパー試験偏重の現代教育システムが生んだ一つの欠陥に原因があるように思います。

即ち、ある意味答えなき問題に対していかに答えを出していくのかというところで、その人の思考力や知恵といったものが最も表れるわけですが、答えのあるペーパー試験では所詮その殆どが知識をベースとした暗記中心のものであり、その人自らがどれだけの事柄を考えているかがあまり見えないと言えましょう。日本では想像力あるいは知的タフネスを有した人間を発掘したり、育てたりすることに尽力しない傾向があるのではと思います。

それからもう一つは、ネット検索の弊害とも言い得るものでありましょう。人によっては自ら考えて解を導き出すというプロセスの殆どを省略していこうとする人もいて、過度なネット検索依存により考えるということが減り、インプットした人の考えを見るだけの世界に陥ってしまうという危険性があります。勿論、ネットは調べ物をする上で大変便利で効率的であることは間違いなく、私自身もそれ自体非常に喜ばしいことだとは思うのですが、ネットから収集した情報をコピペし、他人の思考・判断・経験等々を簡単に利用し、恰《あたか》も自分自身の文章のように纏めてはいるものの実際自分で考えた痕跡なし、というのが随所に見られる現状は大いに問題だと思います。

この「自分のアタマで考えない病」とは前記二点に始まって様々な要因が影響し合い発症しているのではと思われます。例えば、入社後すぐにルーティーンの仕事の中に埋没させ、一人一人の個性・能力を見極めて伸ばすシステムもなく、若者を指導する上司・先輩等もいなければ、そうした状況が改善に向かうことは有り得ないのではないでしょうか。また、「窮《きゅう》すれば即ち変ず、変ずれば即ち通ず」（『易経』）ということがありますが、窮することがあまりないのが恐らく今の若者の姿ではないかとも思います。

現代日本においても、我が子のためと親があらゆることをして過保護に育てるといったいわゆる豊かな社会に共通する一つの風潮があるが故、最近の若者のみならずある程度の中堅でますます主体性を発揮していかねばならない年齢の人でも、自立心や主体性が欠落した兆候が随所に見られるのは非常に残念なことです。これは『韓非子』にある、「厳家に悍虜《かんりょ》なく、慈母に敗子あり……厳しい家庭にわがままな召使いはいないが、過保護な家庭には親不孝者が育つ」というような状況の表れかもしれず、孫子が「死地《しち》に陥《おとしい》れて後《のち》生《い》く……味方の軍を絶体絶命の状態に陥れ、必死の覚悟で戦わせることではじめて、活路を見いだすことができる」と言うように、正に背水の陣を敷きギリギリの状況下で必死になって生きていくということを若者たちに経験させるべきだと思います。

人間というものは、来る日も来る日も眠れぬ夜を過ごし、その中でいかにすべきかと考え抜かざるを得ない「死地」の環境下に置かれ、それを克服した時に大いなる自信ができ、そして一皮剝けて人物が育っていくものだと思います。

今、そうした経験をする人が極めて少なくなっているような気がしており、己の足で世に立ち、己の知恵と才覚で伸《の》し上がっていくような心意気を持った人間がどんどん減っているように思われ、親の過保護に慣れ常に守られて生きてきた若者が多くいるのではないでしょうか。

5　グローバルビジネスの決め手は人間力

二〇一五年のプレジデントオンラインの記事に、「世界から見た日本のビジネスマンのいい点、ダメな点」というインタビュー記事がありました。そこでは、「仕事に対する倫理観が、きわめて高いということ」・「フレキシビリティ、つまり柔軟性に欠けること」が、それぞれ日本人の「美点」・「問題点」として挙げられています。

先ずどこの国でも人は千差万別ですから、一概に日本のビジネスマンのこれといったステレオタイプの類があるとは、必ずしも言えないように思います。「日本の経営者は長期的視野に立ち、米国の経営者は短期的視野に立つ」とはかねてよりよく言われてきたことで、経営という面ではそういう部分が見受けられるのも事実だと思いますが、私は一般のビジネスマンにはどうこうという傾向はあまりないのではという気がします。ただし、米国を見るとそのアグレッシブネスは一つの特性と言えるようにも思われて、例えば「金儲けして一旗揚げてやるんだ！」と意気込んでいるケースが彼らには結構ある一方、日本のビジネスマンはそういう意味でおっとりしているような部分があるかもしれません。とは言っても、日本人でもアグレッシブな人もいますから、それが日本のビジネスマンのナショナルステレオタイプかと言うと、よく分からないというのが正直なところです。

冒頭挙げた記事に加え、ビジネスの現場で英語を話せる人たちが圧倒的に少ないとして、日本人の実務的なレベルでの語学力も問題視されています。ＩＭＤ（経営開発国際研究所）が発表した「二〇一五年世界競争力年鑑」でも、日本人の語学力はビリから二番目であったようですが、これはこれで確かに日本人の英語下手は事実でしょう。しかし英語力とビジネスマンとしての評価は、また別の話だと思います。

グローバルなビジネスをすると、肌の色や言葉あるいは顔付き等々全く違う人間とよく対峙します。国違えども本質的な人間性は変わらないのですから、通訳を付けて普段の交渉同様のやり方で構わないと思います。例えば白人に対し、英語で話さねばならないというプレッシャーもあって、なかなか自分の意見を十分言えない日本のビジネスマンも多いですが、そんなことを気にする必要は全くないと思います。相手は母国語ですから、英語がうまくて当たり前です。下手な英語で話していれば時に相手に圧倒されることもありますが、そうしたことを気にし過ぎてはいけないと思います。必要に応じて通訳を付ければ良いわけですし、通訳を付けずとも相手と意思疎通できる程度であれば、それで足りる話です。

「辞《じ》は達するのみ」（「衛霊公《えいれいこう》第十五の四十一」）と『論語』にもあるように、うまい下手関係なしに言葉の意味が通じれば、それで良いことなのです。勿論、色々な知識を鏤《ちりば》めながら滔々《とうとう》と話ができたらば、それに越したことはありません。しかしそれも、誠実さには及びません。言葉はたどたどしくとも、礼儀正しく謙虚に振る舞っている人は、人間として立派です。そう思われることが、対人交渉においては第一だということです。

江戸時代など昔の日本を訪れた外国人たちは、日本人の礼儀正しさや謙虚さ、立ち居振る舞いに驚きました。日本ほどの文明国はない、と本国に報告した人もいます。人間の本質というのは、そういった礼儀作法や立ち居振る舞い、言葉遣い等に表れるものです。嘗ての日本人は人間学を勉強していたが故、礼が素晴らしくできていたわけです。武士だけでなく農民でも漁師でもそういうことが、きちっとできていたのです。

要するに、そういうことさえしっかりできたらば「四海の内は皆兄弟」（「顔淵第十二の五）、世界中の人が皆兄弟になりどこの国に行っても、それで十分通用するわけです。孔子は「言忠信《げんちゅうしん》、行篤敬《こうとくけい》なれば、蛮貊《ばんぱく》の邦《くに》と雖も行われん」（「衛霊公第十五の六」）、つまり「言葉が誠実であって、立ち居振る舞いがしっかりしていれば、どこへ行っても通用しますよ」と言っていますが、これは正にその通りだと思います。

私自身も過去百ケ国以上の国をまわり十年間海外に住んだ経験がありますが、つくづく実感したのは結局文化は違っても本質的な人間性は変わらないということです。英語で言えば〝Human nature does not change.〟です。「きちんとしているな」という人もいれば、「駄目だなぁ」と思う人もいます。だから基本的な礼ができている人に対しては、「この人はなかなか立派だ」と国違えども分かるはずです。分かる人には分かる、ということです。言葉だけがインターナショナルでの商売の成否を、決めるものではないのです。

海外で働くビジネスマンは今後ますます増えていきましょうが、どこへ行っても人間の本質は変わらないということは、是非知っておいてほしいと思います。最後に残るは人間性がどうなのか、その一点であります。四書五経の一つに数えられる中国の古典『大学』に「修身、斉家《せいか》、治国、平天下《へいてんか》……身修まりて後、家斉《ととの》う。家斉いて後、国治まる。国治まりて後、天下平らかなり」という言葉があります。これ即ち、天下泰平《たいへい》を齎す一番基本になるものは、「身を修める」ことだと言うのです。

「人間力を高める」とは、天下泰平の根元となる「身を修める」ことに繋がっています。この「身を修める」とは、国を治める為政者であれ、経営者であれ一般のビジネスマンであれ、必要になることです。ビジネスを制するは究極のところ、人間力の高さなのです。故に私たちは絶えず人間力を高めるべく、学んでいかねばなりません。なぜならば学びを深めていく中で、一体人間力とはいかなるものかが分かってくると思うからです。最初から人間力が何であるかと分かった上で、学び始めることはありません。学び続ける過程で人間力は何かと、気付いていくということです。そして更には人間力を高めるには学びだけでは不十分であり、日々の実践を要すると気付いてくるものなのです。

毎日の生活あるいは仕事をしていく中で様々な経験を積み、事上磨錬するうちに初めて、「人間力が高まってきたかなぁ」という実感が湧いてきます。また、「こうすれば人間力が高まるのだな」と摑めるようになってくるのが、その順序であろうかと思います。

6　創業と守成いずれが難きや

『貞観政要《じょうがんせいよう》』にある有名な言葉に「守成《しゅせい》は創業より難し」というのがあります。「創業の後をうけて、その成立した事業を固め守ることは簡単なようで、実は難しいことである」というのは、全くその通りであると思います。ただ、「事業を新しく始めることは難しいようで、実はやさしいことである」というようには、私は考えていません。創業すること自体はやさしいと言えましょうが、創業して守成が必要になるくらいの成功を収めて事業化するのは非常に大変なことです。事業と呼べる域に達するのは実に難しいことなのです。

表題の言葉について私見を言うなら、創業には創業の難しさがありますし、守成には守成の難しさがあると思います。分かり易い例として徳川家康を見れば、いわゆる「関ヶ原の戦い」までの家来たちとそれ以後に「徳川三百年」の礎をつくっていく家来たちというのは、当然ながら求められる能力・手腕が違うべきでどちらも難しい時期でありましょう。即ち、「関ヶ原の戦い」までは軍略家や戦略家、腕っ節の強い人といった戦に勝ち抜くための人材が求められますが、天下平定の後には、いかに国を平和裏に治め徳川政権の長期安泰を維持するのかというところに知恵を出すような人材が必要になるわけです。

その一方でどちらの時期においても大将は一人ですから、状況変化に応じて常に大将自らが「君子豹変《ひょうへん》」しなければならない難しさがあります。「君子豹変す」と言いますと、どちらかといえばガラッと態度が変わってしまい、何か悪いように受け止められますが、それは間違いです。「豹」の毛は秋になると全部抜け替わり一転してあの美しい模様が出てくることから「自己革新」「自己変革」という意味となり、「君子とは自己革新を図り、小人は表面だけは改めるが、本質的には何の変化もない」という意味になります。

詰まらない大将であれば、「君子豹変」できずにいつまで経っても過去の栄光を引き摺って、国がまた乱れるという状況になるわけです。従って、必要とされる人材は嘗てとは全く違うということも割り切って、大将は時期に即して新たな人材の登用を図っていかねばならないということです。

勿論そうした場合においても、苦楽を共にしてきた人たちに対しては、それなりに報いてやらなければならないと思います。

あとがき

本書はまえがきにも記したように、私が折に触れ書き溜めていた、世に起こる社会現象や様々な人の主張を聞いたり見たりした時の雑感を一冊の本に纏《まと》めたものです。

十年以上の間に夥《おびただ》しい数の雑文が溜まっており、そこからどういった方針で取捨選択するかが本書の価値に非常に関わるわけです。その方針は、昨今の我が国の内憂外患《ないゆうがいかん》の根本原因が私の従前の持論である戦後の教育にあるとの考察に基づくものとしました。即ち教育が単なる知識や技術の習得に偏し、世渡りの方便と堕してきた結果が、徳性の高い英傑の士の払底《ふってい》に至ったと私には思えるのです。

江戸時代の日本人の高度な精神性や道徳性が、いかに齎されたかと考えるに、朱子学が教育の中心に置かれ、教養の根幹となってきたことに起因すると思われます。

当時は『小学』『中庸』『大学』といった中国古典が各藩の藩校や寺子屋で教科書と

して使用されていたのです。『小学』は「修己《しゅうこ》修身の学」とされ、能力と人格の両面において基本的なことを学ぶ書とされていました。『大学』は「修己治人《ちじん》の学」とされ、人の上に立つ者の心得を学ぶ学問とされていました。『中庸』は調和の学であり、創造の学でした。

戦前まではこうした学問を通じて日本人は徳性を磨いてきたのです。ところが戦後は古い封建思想だとされ、こうした中国古典から学ぶ人が殆どいなくなりました。

私は、人間力を磨く上で、こうした学問は必須であり、こうした教えが一般の人にも分かり易い内容で古典と同じような教育効果を挙げられないかと思案し、先ほどの古典の内容を私なりに消化したものを現代風にアレンジしたのが本書であります。甚だ大胆な試みであることは重々承知ですし、私自身もそのでき栄えに不備不満が残るものではあります。敬《つつし》んで大方のご教示を請うところであります。

平成二十八年十一月

北尾吉孝

〈著者略歴〉

北尾吉孝（きたお・よしたか）

昭和26年兵庫県生まれ。49年慶應義塾大学経済学部卒業。同年、野村證券入社。53年英国ケンブリッジ大学経済学部卒業。平成元年、ワッサースタイン・ペレラ・インターナショナル社（ロンドン）常務取締役。3年野村企業情報取締役。4年野村證券事業法人三部長。7年、孫正義氏の招聘によりソフトバンク入社、常務取締役に就任。現在は、証券・銀行・保険などのインターネット金融サービス事業や新産業育成に向けた投資事業、バイオ関連事業など幅広く展開している金融を中心とした総合企業グループを統括するSBIホールディングス代表取締役執行役員社長。公益財団法人SBI子ども希望財団理事及びSBI大学院大学の学長も兼務。著書にベストセラーとなった『何のために働くのか』をはじめ、『君子を目指せ 小人になるな』『ビジネスに活かす「論語」』『森信三に学ぶ人間力』『安岡正篤ノート』『強運をつくる干支の知恵』（いずれも致知出版社）など多数。

修身のすすめ

平成二十八年十二月一日第一刷発行

著者　北尾吉孝

発行者　藤尾秀昭

発行所　致知出版社

〒150-0001 東京都渋谷区神宮前四の二十四の九

TEL（〇三）三七九六―二一一一

印刷・製本　中央精版印刷

落丁・乱丁はお取替え致します。　（検印廃止）

ISBN978-4-8009-1132-2 C0034

ホームページ　http://www.chichi.co.jp

Eメール　books@chichi.co.jp

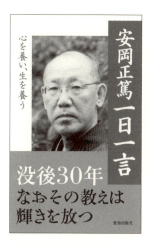